তৃতীয় অঙ্ক
ইতি, আমি

কিংশুক বন্দ্যোপাধ্যায়

বাবা মাকে –

১লা বৈশাখ ১৪২৯

সুচিপত্র

তৃতীয় অঙ্ক

চরিত্রলিপি

অনীতা –

গিরিধারী –

বাবু –

অমলেন্দু –

সঞ্জয় –

ধৃতরাষ্ট্র –

পরিচারক –

বিদুর –

গান্ধারী –

কৃপাচার্য –

অশ্বথামা –

কৃতবর্মা –

ব্যাস –

যুধিষ্ঠির –

ভীম –

শ্রীকৃষ্ণ –

ডঃ হাজরা –

মন্দার বোস –

মুকুল –

ইন্সপেক্টর –

কনস্টেবল ৪ জন –

কিছু অংশবিশেষ কালীপ্রসন্ন সিংহ এবং রাজশেখর বসু রচিত মহাভারত থেকে সংগৃহীত

প্রথম প্রবাহ

[মঞ্চ দুটি ভাগে বিভক্ত ।

পিছনদিকে টানা রস্ত্রাম, যার মধ্যবর্তী যায়গায় চার কোনে চারটি পিলার একটা রাজপ্রাসাদের আলোচনা কক্ষের পরিবেশ সৃষ্টি করে ।দুই উইংসের ধারে দুটি দরজার ফ্রেম আসা এবং যাওয়ার পথ নির্ধারণ করে। রস্ত্রামের মাঝে একটি সুসজ্জিত চৌকি, মখমলের চাদরে ঢাকা, তাকিয়া, চৌকির দুপাশে দুটি করে বসবার গদি দেওয়া টুল । পিছনে এক পাশে একটি গদাধারীর অ্যবস্ত্র্যাস্ত্র মূর্তি । ধৃতরাষ্ট্র চৌকিতে হতাশগ্রস্ত অবস্থায় বসা । পরিচারক বড় হাতপাখা দিয়ে হাওয়া করছে । বিদুর টুলে বসা, বাকিরা দাঁড়িয়ে ।

মঞ্চের সামনের ভাগে একটি মধ্যবিত্ত পরিবারের ঘর । খুবই সাধারণ কিছু আসবাব, বসবার জায়গা, বুকশেলফ, সেন্টার টেবিল, এক পাশে একটি ইস্ত্রি করার টেবিল দাঁড় করিয়ে রাখা । মঞ্চের পিছন ভাগে কেবল আলো পড়ে]

সঞ্জয় ।।   মহারাজ, শোক সম্বরণ করুন, শোকের কোনো প্রতিকার নেই । অষ্টাদশ অক্ষৌহিণী সেনা নিহত হয়েছে, বসুমতি আজ জনশূন্য, যে সমস্ত ভূপাল দুর্যোধনের সাহায্যের জন্য নানা দেশ থেকে এসেছিলেন আজ তাঁরা সকলেই দুর্যোধনের সাথে প্রাণত্যাগ করেছেন । এখন আপনাকে মৃত পুত্র, পৌত্র, সুহৃদ, জ্ঞাতি, গুরু ও পিতৃগণের যথাবিহিত প্রেতকার্য নির্বাহ করতে হবে।

ধৃতরাষ্ট্র ।।   সঞ্জয়, আমার সমস্ত পুত্র, অমাত্য, সুহৃদ নিহত হয়েছেন, এখন আমি ছিন্নপক্ষ জরাজীর্ণ পক্ষীর মত । আমার চক্ষু নেই, রাজ্য নেই, বন্ধু নেই, আমি আজ নিঃস্ব নিঃসম্বল । বৃষতুল্য মহাবীর দুর্যোধন, দুঃশাসন, কর্ণ ও সূর্যতুল্য মহাত্মা দ্রোণাচার্যের মৃত্যু সংবাদ শুনে আমার হৃদয় বিদীর্ণ হয়েছে । নিশ্চই আমি পূর্ব জন্মে কোন না কোন দুষ্কর্ম করেছিলাম নচেৎ বিধাতা কেন আমায় এরূপ দুঃখের ভাগীদার করবেন । দৈব – দৈব প্রতিকূল হওয়াতেই আমায় এই বৃদ্ধাবস্থায় সমস্ত পুত্রের বিনাশ দেখতে হল । পৃথিবীতে আমার চেয়ে বেশি হতভাগ্য আর কে হতে পারে সঞ্জয়

সঞ্জয় ।।   নরনাথ, আপনি সমস্ত বেদ ও বিধির শাস্ত্র শ্রবণ করেছেন । দুর্মতি দুর্যোধন নিতান্ত ক্রূর, অহংকারী, অল্পবুদ্ধি ও সবেতেই অসন্তুষ্ট ছিল । আপনি স্বীকার করেন যে সে যৌবনমদে মত্ত হলেও আপনি রাজ্য লালসায় কারোর কোন সদুপদেশ গ্রহণ করেন নি, নিরন্তর কেবল তার স্বার্থ অনুযায়ী কাজ করাতে মদত দিয়েছেন । সে সতত কেবল যুদ্ধ বাসনা প্রকাশ করতো যার পরিনামে সে বিনষ্ট হয়েছে । আজ তারই ফল ভোগ করতে হচ্ছে।

ধৃতরাষ্ট্র ।।   সঠিক বলেছ সঞ্জয় । এ আমারই কৃতকর্মের ফল। এরপর আর আমার জীবন ধারণের কি প্রয়োজন, তা বলতে পার?

বিদুর ।।   শোক নিয়ন্ত্রণ করুন মহারাজ । উঠে বসুন । মানুষ শোক করে, কিন্তু মৃতজনকে ফিরে পায় না, শোক করে মৃত্যু লাভও হয় না । মানুষ অদৃশ্য স্থান থেকে আসে আবার অদৃশ্য স্থানেই চলে যায় । তারা আপনার নয়, আপনিও তাদের নন, তবে

কিসের এত খেদ? সহস্র সহস্র শোকের কারণ এবং শত শত ভয়ের কারণ প্রতিদিন মূঢ়কে অভিভূত করে, কিন্তু পণ্ডিতকে করে না । কুরুশ্রেষ্ঠ, কালের কেউ প্রিয় বা অপ্রিয় নেই, কাল কারও প্রতি উদাসীন নয়, কাল সকলকেই আকর্ষণ করে নিয়ে যায় । কুরুক্ষেত্রের প্রলয় ঝঞ্ঝা এখন স্তিমিত হয়েছে, শোক ত্যাগ করে শান্তির বারি বর্ষণ করাই একমাত্র কার্য ।

ধৃতরাষ্ট্র ।। কিন্তু মনের ঝঞ্ঝা, তাকে কি করে শান্ত রাখবো? কি করে পুত্রশোকের এই নিদারুণ যন্ত্রণা আমি সম্বরণ করবো? কার আছে এরূপ ভয়ঙ্কর অভিজ্ঞতা যার উপদেশে আমার দুঃখ আর ক্রোধের এই প্রলয়কে আমি স্তিমিত করবো?

[বাইরে প্রবল বজ্রসহ বৃষ্টির আওয়াজ । মঞ্চের পিছনের আলো কমে যায় সেইসাথে সামনের আলো ধীরে ধীরে স্বাভাবিক হয় । অনীতা সন্ধ্যা দিতে ব্যস্ত । দরজায় কড়া নাড়ার আওয়াজ । দু তিনবার হবার পর আওয়াজ ক্রমশ তীব্র হয় । অনীতা কোনমতে, তাড়াহুড়ো করে ধূপটা এক জায়গায় রাখে, তারপর দৌড়ে গিয়ে দরজা খোলে । অত্যন্ত বিরক্তি ভাব নিয়ে গিরিধারী ঢোকে । হাতে বাজারের থলে আর ভেজা ছাতা । থলেটা মাটিতে নামায়, ছাতাটা বন্ধ করতে করতে বলে]

গিরিধারী ।। এ কি দুর্যোগ রে বাবা, যেন প্রলয় তাণ্ডব চলতাসে। তা দরজা খুলতে তুমি ক্যান? দাদুসাহেব কই? তোমার তো সন্ধ্যা দেওনের টাইম এইটা, তার কীসের এমন ব্যস্ততা যে দরজা খোলনের সময় পর্যন্ত নাই?

অনীতা ।।   না, বাবু আজ সারাটাদিনই কম্প্যুটার নিয়ে কি সব জরুরি কাজে ব্যস্ত । সেই খাবার জন্য যা একবার উঠল । তাছাড়া ওকে তো জানেন পড়াশুনার বাইরে আর অন্য কোন জগৎ যে আছে সেটা জানে বলে কি মনে হয় আপনার?

গিরিধারী ।।   কিন্তু তা বইল্যা এই ঝড়বৃষ্টির মধ্যে একজন দরজা ধাক্কাইতাসে, ভিতরে তুমি ব্যস্ত, একটা রেসপন্স তো করা উচিত? হ্যা তো আর সমাধিস্থ হইয়া বইস্যা নাই।

অনীতা ।।   আপনি বসুন, গা হাত পা মুছে নিন, বেশ ভিজে গেছেন, ঠান্ডা না লেগে যায় আবার, আমি চা নিয়ে আসছি –

গিরিধারী ।।   কথাটা পছন্দ হইল না তো? এই তোমাগো সমস্যা – সব কিছু পার্সোনালি নাও, সাবজেক্টিভ চিন্তাধারা – অবজেক্টের দিকে তাকাইলাই না –

অনীতা ।।   সেটা না, তবে বাবু যখন পড়াশুনা নিয়ে থাকে তখন তো আর কিছুতেই মন যায় না ওর, এত ভাল রেজাল্ট তো আর এমনি এমনি হয় নি? আমাদের মতো বাড়ির কেউ যে এতখানি এগোবে তা কে ভাবতে পেরেছিলো বাবা?

গিরিধারী ।।   কী জানি, বাড়িতে একখান রুগি, আর আমি সেভেন্টি ফাইভ প্লাস একখান বুড়া, এই বৃষ্টি মাথায় লইয়া বাইরে বাজার, ওষুধের দোকান করতাসি, হেইডা একজন উচ্চশিক্ষিত জোয়ানের নজরে পরে না, সেইটা কিভাবে মাইন্যা লই? যদিও তোমাগো কাছে এইটাই নরমাল –

অনীতা ।।   আপনি মাথা ঠান্ডা করে বসুন বাবা । এখনকার লেখাপড়ার চাপ আমরা কি করে বুঝবো বলুন তো? আর তাছাড়া বাবু আমাদের সব চাহিদা পার করে এমন একটা জায়গায় নিজেকে নিয়ে গেছে সেটা তো আমরা কেউই স্বপ্নেও ভাবিনি । ওর পক্ষে কি আর সংসারের নিত্যকার ঘটনার দিকে নজর দেওয়া সম্ভব?

গিরিধারী ।।   এইবার আমার বাঙাল মাথাটা ফট কইরা গরম হইয়া যাইবো, তুমি যাই হও আর যাই করো, রোজকার জীবনে তুমি কত মাইনষের সার্ভিস লইতাসো হ্যার খেয়াল রাখো? তার বিনিময়ে কিছু তো একটা কর্তব্য থাকে? নাকি সেই কথা বইতে লেখা নাই বইল্যা শেখা হয় নাই – যত্ত সব বাজে যুক্তি তোমাগো – যাউক গিয়া, গলায় গরম চা পড়লে হয়তো মাথাটা ঠান্ডা হইব – তুমি তার বন্দোবস্ত কর গিয়া । আমি খোকারে আইন্যা এইখানে বসাইতাসি, দেখি এই ব্যাপারে তার কি যুক্তি

[সামনের আলো ছোট হয়, পিছন মঞ্চের আলো স্বাভাবিক হয়]

বিদুর ।।   শাস্ত্রযুক্তি যদি আপনার মান্য হয় তাহলে সংগ্রামে নিহত বীরদের জন্য আর শোকপ্রকাশ করবেন না । তাঁরা সকলেই উৎকৃষ্ট গতিলাভ করেছেন । মহারাজ, যুদ্ধ ব্যতীত ক্ষত্রিয়ের স্বর্গলাভের সুলভ পথ আর কিছুই নেই, তাঁদের জন্য শোক প্রকাশ করা নিতান্ত অনুচিত, তাই শোকে অভিভূত হয়ে আপনার রাজকার্য বিস্মৃত হবেন না।

ধৃতরাষ্ট্র ।।   তোমার পাণ্ডিত্যকে আমি প্রশ্ন করছি না, কিন্তু আমার অন্ধকার যে আরও সুগাঢ় হল বিদুর, শতপুত্রের জনক হয়ে আজ আমি পুত্রহীন । কাদের নিয়ে আর কাদের জন্য আমি

রাজকার্য সম্পন্ন করতে উদ্যত হব? আমার বাঁচার আর কি অভিলাষ হতে পারে তা বলতে পার বিদুর?

বিদুর ।।   মহারাজ একবার এক ব্রাহ্মণ ভ্রমণ করতে করতে এক দুর্গম অরণ্যে প্রবেশ করেন, সেই অরণ্যে বাস করত অজস্র হিংস্র প্রাণী ও নিশাচর । প্রাণভয়ে ভীত দিকবিদিক জ্ঞানশূন্য সেই ব্রাহ্মণ পথভ্রষ্ট হয়ে ছুটতে ছুটতে এক লতাবিতানজড়িত গভীর কূপের মধ্যে গিয়ে পড়েন । সেই কূপের মধ্যে বাস করত অজস্র বিষধর সাপ । ব্রাহ্মণ কূপের থেকে ওঠবার চেষ্টা করতে গিয়ে দেখেন যে সম্মুখে এক উন্মত্ত হস্তি প্রবল শক্তিতে কূপের পার্শ্ববর্তী এক প্রকান্ড বৃক্ষ উৎপাটনের জন্য বলপ্রয়োগ করছে । সেই বৃক্ষের উপরিভাগে ছিল এক সুবিশাল মধুচক্র । হস্তির তীব্র শক্তিসঞ্চালনে সেই মধুচক্র ভঙ্গ হয়ে তার থেকে নিঃসৃত হতে লাগল অনর্গল মধুধারা – ব্রাহ্মণ ঐরূপ সংকটময় মুহূর্তেও সকল বিপদ ভুলে সেই মধুধারা পান করতে প্রবৃত্ত হন কিন্তু কিছুতেই তৃপ্তি লাভে সমর্থ হচ্ছিলেন না । বরং উত্তোরত্তর অধিক লোভে বাহ্যজ্ঞানশূন্য হয়ে পড়লেন । মহারাজ একেই বলে জীবের লিপ্সা, জীবনের রহস্য । শতত অপ্রীতিকর পরিস্থিতিতেও জীবন তার এগিয়ে যাবার পথ ঠিকই খুঁজে নেয় ।

ধৃতরাষ্ট্র ।।   কিন্তু ওইরকম পরিস্থিতি থেকে কি ভাবে বাঁচার উপায় বের হবে বিদুর? ওই ক্ষণস্থায়ী লিপ্সা জীবনকে কতদূর টেনে নিয়ে যাবে? আমার যেরূপ দুর্দশা উপস্থিত হয়েছে, প্রাণপরিত্যাগ ব্যতীত এ দুঃক্ষের আর নিষ্কৃতি দেখছি না । অতএব আমায় মার্জনা করো, আমি আজই কলেবর পরিত্যাগ করে এ জীবনের ইতি টানবো ।

[পিছন মঞ্চের আলো ছোট হয়, সামনের আলো স্বাভাবিক হয় একটি ২৪।২৫ বছরের যুবক মোবাইলে কথা বলতে বলতে মঞ্চে প্রবেশ করে]

বাবু ।।   হ্যাঁ – হ্যালো – একটা ট্রিমেন্ডাস নিউজ আছে – আই এয়াম ড্যাম এক্সাইটেড – কীভাবে শুরু করি বুঝতে পারছি না – একটু আগেই শেষ হল ইন্টারভ্যুটা – ফাইনালাইজড উইথ শেক হ্যান্ড – ইয়েস মেড ইট – দারুণ নেগোশিয়েসান হয়েছে – ফ্ল্যাট হান্ড্রেড কে ইউএসডি – পোস্ট ট্যাক্স – আরে এক্সপ্যাটদের যেমন হয় – তার সাথে হাউসিং আর লোকাল কনভেয়ান্স কোম্পানি পেইড – কি? কোম্পানির নাম? হাউ ডাজ ইট ম্যাটার্স? একটা গ্লোবাল সাপ্লাই চেইন কোম্পানির লজিস্টিক হেড অফ এশিয়া রিজিওন । কি? পোস্টিং কলকাতায়? পাগল না পেটখারাপ? কলিকাতায় এইরকম জব আছে না থাকিতে পারে? তাহলে কোথায়? হ্যাঁ ওটাই মেজর সারপ্রাইজ – গেস্? দিল্লী? ধুর । পুনে?। মুম্বই? আরে এরপর হায়দ্রাবাদ আর ব্যাঙ্গালোর বাকি রাখলে কেন? লেভেলটা আর ওঠাতে পারলে না তাহলে – ও কে কিপ গেসিং – ভাবতে পারবে না প্রোফাইলটা – কি? না আর কেউ জানে না – তুমিই ফার্স্ট ডিয়ার – পরে ডিটেইল্স এ বলবো হোয়েন উই মীট টুমরোও – বলো কোথায় – ওভার দ্যা কফি এট স্টারবাক্স – ও কে দেন কাল এরাউন্ড ইলেভেন – টিল দেন গেস করে যাও সারা রাত – লট্স অফ লাভ –

[গিরিধারী হুইলচেয়ারে অমলেন্দুকে নিয়ে ঢোকে, দু হাতে দু কাপ চা নিয়ে পেছনে অনীতা]

গিরিধারী ।।   কার সাথে লাভ লোকসানের কথা হইতাসে এই ভরা বর্ষার সন্ধ্যায়, দাদুসাহেব?

বাবু ।।   ওনলি লাভ ওল্ড ম্যান নো লোকসান –

অনীতা ।।   ওঃ মহাযোগীর ধ্যান ভঙ্গ হল অবশেষে, নাওয়া খাওয়া ভুলে সারাদিন কী বকবক করছিলি কে জানে। চা খাবি নাকি বল? তাহলে বানিয়ে আনি, কে জানত যে তোর এখন ছুটি হবে?

বাবু ।।   নো মম্‌ এই ক্রেজী বৃষ্টিটা দিলো ইভিনিংটা মাটি করে, আদারওয়াইজ ইট ওয়াজ দ্য টাইম ট্যু চীল্‌

অমলেন্দু ।।   কি হল আজ তোর? সারাদিন ঘরে কম্প্যুটার বাজিয়ে এবেলা মনে এত ফুর্তি?

বাবু ।।   আজ একটু ইভেন্টফুল বাবা, একটা অনলাইনে ইন্টারভ্যু ছিল, হয়ে গেছে। আর তার সাথে চাকরিটাও ফাইনালাইজ্‌ড, অবশ্য না হলেই বেশি অবাক হতাম –

অনীতা ।।   বলিস কি তোর চাকরি হল আজ? কম্প্যুটারে ইন্টারভ্যু দিয়ে? তাই সারাদিন ওইঘরে দরজা দিয়ে বকবক করছিলি? আমি তো ভাবছিলাম বুঝি মানভঞ্জন পালা চলছে, যাক গে, [অমলেন্দুকে লক্ষ করে] তুমি কিছু বুঝলে? আমাদের সেইদিনকার বাবু এবার রোজগার করবে –

অমলেন্দু ।।   মাথায় একটা গাঁট্টা মারবো বাঁদর ছেলে কোথাকার। এইরকম সারপ্রাইজ কখনো দেয় নাকি কেউ? কোনো সাড়াশব্দ নেই, হইচই নেই বলে কিনা চাকরি পাকা হয়ে গেল?

কবে এপ্লাই করলি, কবে পরীক্ষা দিলি কবে ইন্টারভ্যু দিলি কেউ জানে না, হঠাৎ ঘোষণা চাকরি ফাইনাল।

বাবু ।।   আরে সেটা বলতেই তো এলাম

অমলেন্দু ।।   তা এটা কি তোদের ক্যাম্পাস থেকে? কোন কোম্পানি? প্রাইভেট নিশ্চই, গভর্নমেন্টের হলে এত ঝটপট কিছুতেই হত না, কবে থেকে জয়নিং? মাইনে কত? অফিস কোথায়? কি পজিশান?

গিরিধারী ।।   তোমরা দাদুসাহেবরে একটু দম লইতে দিবা? দ্যাখতাস সারাদিন পর এই ঘর থিকা বাইর হইল, একটু জিরানের ফুসরত পর্যন্ত পায় নাই, আর তার আগেই তোমরা সিবিআই জেরা শুরু করলা

বাবু ।।   ঠিক বলেছো সি বি আই – হাঃ হাঃ

গিরিধারী ।।   শুনো দাদুসাহেব তো আর চাকরি পায় নাই, চাকরি দাদুসাহেবরে পাইসে, এইরকম ব্রাইট একজন স্টুডেন্ট যে এক ঝটকায় চাকরি পাইব তাতে আর অবাক হওনের কী আছে? যার এইরকম কোয়ালিফিকেশান তারে প্রশ্ন করবো ক্যাডা?

অমলেন্দু ।।   তা এবার তো দেখছি তুমি শুরু করে আর থামছো না বাবা, বাবুকে না হয় এবার একটু বলতে দেওয়া হোক? কিরে বাবু?

[সামনের আলো ছোট হয়, পিছন মঞ্চের আলো স্বাভাবিক হয়]

বিদুর ।।।   মহারাজ, আপনি সর্বশাস্ত্রের বিশারদ, মেধাবী ও পরম ধার্মিক । কৌরবকুলের ধ্বংস দৈবায়ত্ত ও অখণ্ডনীয়, আমি

সন্ধি স্থাপনের অনেক চেষ্টা করেও কৃতকার্য হতে পারি নি । আপনার পুত্র দুর্যোধন নিতান্ত চপলস্বভাব, ক্রুদ্ধ ও দুর্বিনিত ছিল । দৈব প্রভাবে তার ভ্রাতৃগণ তাকেই অনুসরণ করে এবং শকুনি মাতুল ও কর্ণ পরম সখা হয়েছিল । রাজা যেরূপ স্বভাবপন্ন হন প্রজারাও তদনুরূপ হয়ে থাকে । দুষ্ট রাজার দোষেই আপনার অন্যান্য পুত্রগণ নিহত হয়েছে । অতএব তাদের জন্য অনর্থক শোক করবার প্রয়োজন নেই । আপনার পুত্রেরা অত্যন্ত দুরাচার ছিল, তাদের দৌরাত্ম্যে সমুদয় পৃথিবী অতিষ্ট হয়েছে । এ বিষয়ে পাণ্ডবদের অনুমাত্র অপরাধ নেই । অতএব আপনি শোক পরিত্যাগ করে, প্রাণধারণে যত্ন নিন আর পাণ্ডবদের প্রতি স্নেহ প্রদর্শন করুন।

সঞ্জয় ।।   মহারাজ, মহাত্মার ব্যাখ্যার পর আর কোনও সংকোচ থাকা উচিত নয় ।

ধৃতরাষ্ট্র ।।   বিদুর আমি গুরুতর শোকে নিতান্তই কাতর হয়েছি । বারম্বার মোহ উপস্থিত হওয়াতে আমার আত্মজ্ঞান লুপ্ত হয়েছিল । যা হোক, তোমার কথায় আমি বুঝলাম যে আমার সকল পুত্র দৈব প্রভাবেই নিহত হয়েছে, অতএব আর আমি প্রাণত্যাগের বাসনা বা শোক প্রকাশ করব না । তোমরা আমায় কুরুক্ষেত্রে নিয়ে যাবার ব্যবস্থা কর । আমি তো রাজা, পুত্রশোকের অধিকার থেকেও তাই আমি বঞ্চিত । ভাবতে পার তোমরা, আজ আমার একমাত্র রাজকার্য হল পুত্র, মিত্র ও আত্মীয়দের অন্ত্যেষ্টিক্রিয়া সম্পাদন । চলো বিদুর, চলো সঞ্জয় এটা তো শোক করবার সময় নয়, আমায় যথাস্থানে নিয়ে গিয়ে রাজকর্মে নিয়োজিত করো ।

[পিছন থেকে গান্ধারীর প্রবেশ]

গান্ধারী ।।   আমায় একাকী কোথায় ফেলে যাচ্ছেন কুরুরাজ? চুপ করে থাকবেন না উত্তর দিন – বিদুর? সঞ্জয়?

[পিছন মঞ্চের আলো ছোট হয় । সামনের আলো স্বাভাবিক হতে থাকে]

বাবু ।।   আরে বলছি বলছি – এ তো আর তোমার ব্যাঙ্ক নয় বাবা যে দু বছর আগে থেকে চাকরির প্রিপারেশান নিতে লাগবে টু ক্র্যাক দ্য মোওস্ট ইর্রেলেভেন্ট একজাম । আর গভর্ণমেন্টের জব পেতে গেলে তো পঞ্চবার্ষিকী পরিকল্পনার প্রয়োজন । সত্যিই এখনো এদেশে একটা সিম্পল ম্যাটারকে কতখানি কমপ্লিকেটেড করে রাখা আছে – ডিসগাস্টিং –

অমলেন্দু ।।   যা বলেছিস, আমলাতান্ত্রিক ব্যবস্থায় যা হবার তাই হচ্ছে ।

বাবু ।।   আচ্ছা কিভাবে ট্যালেন্ট পাবে সেটা ভেবে দেখেছে কেউ? কার দায় পড়েছে এই ভাবে হিউমিলিয়েট হবার? যাদের গ্রীল্ড হওয়া ছাড়া আর কোনো অপশান নেই তারাই ওখানে ভিড় লাগায়, তাই চারপাশে যত মিডিওক্রিটি । নাও লুক এট আওয়ার ইনস্টিট্যুটস – এক একটা ট্যালেন্ট পুল । সব কর্পোরেটগুলো হুমড়ি খেয়ে পড়ে আছে বেস্টটাকে পিক আপ করবার জন্য, রাদার দে কমপিট । নট আস –

অনীতা ।।   ভাবা যায় এরা কত্তো এগিয়ে, আর তোমাদের ছাতার মাথা সরকারি অফিসগুলোর নড়তে চড়তেই ১৮ মাস –

অমলেন্দু ।।   আরে বাবা কাদের সাথে কাদের তুলনা –

গিরিধারী ।।   আমি পুরাটা মানতে পারলাম না যদিও, তা দাদুসাহেব তুমি কও, কি চাকরি পাইস?

বাবু ।।   দাদু, তোমার কথাতেই বলছি – আই ডিড়ন্ট গেট দ্য জব, রাদার দে গট মী – আই আই এম থেকে কেউ চাকরি খোঁজে না । সব কোম্পানিগুলো কমপীট করে কে কাকে তুলবে বলে –

অমলেন্দু ।।   কিন্তু তোর তো এখনো ফাইনাল রেজাল্টই বের হয় নি?

বাবু ।।   বাবা তুমি না স্টিল ইন দ্য এজ অফ মিঃ মান্ধাতা – রেজাল্ট বের হওয়া অবধি ওয়েট করলে ওরা আর কাউকে পাবে না । এখন ক্যাম্পাস রিক্রুটমেন্ট হয় আন্ডার গ্র্যাডুয়েট লেবেলএ – আমাদের হেড হান্টাররা পিক আপ করে –

গিরিধারী ।।   হ্যাড হান্টার? মানে মুন্ডু শিকারী? হেইডা আবার কি?

বাবু ।।   দাদু, এরা বাংলা ভাষায় মেধা শিকারী নট মুন্ডু । কোম্পানিগুলো এজেন্সি ফিট করে, তারা ইন্ডিয়ার প্রিমিয়ার ইনস্টিট্যুট থেকে ছেলেদের ট্যাপ করে –

গিরিধারী ।।   কও কী! চাকরির জন্য ছেলেধরা?

বাবু ।।   খানিকটা সেই রকমই, তবে অনেক সফিস্টিকেটেড ছেলেধরা ।

অমলেন্দু ।।   তারা তোর খোঁজ পেল কি ভাবে? তোকে ফলো করতো নাকি?

অনীতা ।।   কী সর্বোনাশ, তোর পেছনে লোক লেগেছে নাকি? বুঝে শুনে পা ফেলিস বাবু   [অমলেন্দুকে] তুমিও একটু খোঁজ খবর নিতে পারো তো ?

বাবু ।।   কাম অন, হেড হান্টিং একটা খুব সাধারণ ঘটনা আজকের প্রফেশানাল জগতে । আমাদের ক্যারিয়ার প্রোফাইল আজ ইন্টারনেটে এভেইলেবল, এরা আমাদের ওপর রিসার্চ করে আগে থেকে ঠিক করে নেয় কাকে দরকার তারপরে তাঁর সঙ্গে যোগাযোগ করে অফার দেয় –

অমলেন্দু ।।   তা ইন্টারভ্যুতে কি কি জিজ্ঞাসা করলো?

বাবু ।।   ওদের না, যা প্রশ্ন সব আমার ছিল । চয়েসটা আমার বাবা, আমার হাতে অনেক অপশান । কিন্তু ওদের কাছে আমাদের মতো কিছু হাতে গোনা আইআইএম উইথ আইআইটি । আমরা ঠিক করি কোন কোম্পানিটা আমায় স্যুট করছে, ওরা না । ইন্টারভ্যুটা এক প্রকার নেগোসিয়েশান ছাড়া আর কিছু না –

অমলেন্দু ।।   নেগোসিয়েশান মানে? দরদাম? কিসের?

বাবু ।।   সোজা কোথায় আমাকে পেতে গেলে ওদের কত দিতে হবে, এটারই দরদাম –

গিরিধারী ।।   কিন্তু হ্যারা বুঝলো ক্যামনে যে তুমি হ্যাগো কাম পারবা?

অমলেন্দু ।।   আঃ বাবা আইআইটির ইঞ্জিনিয়াররা পরে আইআইএম থেকে ম্যানেজমেন্ট করলে তাদের আর কোন কাজই অসাধ্য থাকে না । এরা দেশের সব থেকে দামি প্রতিভা –

অনীতা ।।   [বিগলিত কণ্ঠে] আমাদের বাবু, আমি যদিও এতটা কোনদিনও ভাবি নি । তবে সুগতর থেকে ভালো হয়েছে আমি তাতেই ভীষণ খুশি, কি রে তাই তো? তোর চাকরিটা সুগতর থেকে ভালো তো?

বাবু ।।   ওঃ মা তুমি সেই সুগতদাতেই আটকে রয়েছ । হি ইজ জাস্ট এ পাব্লিক সেকটার এমপ্লয়ি

অনীতা ।।   অতশত জানি না, ওকে নিয়ে বরাবরই মন্দিরার খুব দেমাগ । এইবার মুখের ওপর একটা জবাব পাবে

গিরিধারী ।।   এই দেখো আলোচনাটা কোথায় লইয়া চললো

অনীতা ।।   আপনি জানেন না বাবা, বাবুর আইআইটি তে চান্স পাওয়া নিয়ে ওদের কত সন্দেহ ছিল । নয় নয় করে অন্তত বার পাঁচেক নানা ভাবে ঘুরিয়ে পেঁচিয়ে আমাকে জিজ্ঞাসা করেছিলো সত্যি আইআইটি কিনা । তারপর বাবু যখন সত্যি সত্যি বম্বে চলে গেল তারপর তিন মাস আমার সাথে ভাল ভাবে কথা বলে নি মন্দিরা । তার আগে তো সারাক্ষণ নিজের ছেলের গল্পগাথা চলতো, হুঁঃ তাও তো হাওড়ার শিবপুর অবধি দৌড় । না বাবু ঠিক ঠাক করে বল তোর চাকরি সুগতর থেকে বড় তো?

বাবু ।।   মা – আমি এমএনসি তে জয়েন করছি – নট দেশি গোয়ালঘর

অমলেন্দু ।।   এমএনসি? মানে বিদেশি কোম্পানি? বহুজাতিক? বলিস কি?

গিরিধারী ।।   হেইডা কি একটু বেশি গৌরবের নাকি?

অনীতা ।।   একটু না, অনেকটাই বাবা । আচ্ছা বাবু তোকে তো তাহলে মাঝে মধ্যে বিদেশেও যেতে হবে? ওঃ ভাবতে পারছি না মন্দিরার মুখটা । দাঁড়া বাকিটা পরে শুনবো, আগে ওকে খবরটা দিই, তা কি নাম বলব? কোন অফিস? সে যাক গে, ও অত শত বুঝবে না । বিদেশি কোম্পানি, ওঃ! যেন গরম তেলে ডিপফ্রিজের মাছ ছাড়বো, আমার ফোনটা? ও ওই ঘরে – [ছুটে বেরিয়ে যায়]

অমলেন্দু ।।   [হাসতে হাসতে] বোঝোও কাণ্ড – তোর মার অবস্থাটা দেখ বাবু –

[সামনের আলো ছোট হয় । পিছন মঞ্চের আলো স্বাভাবিক হতে থাকে]

ধৃতরাষ্ট্র ।।   তোমার মনের অবস্থা আমি খুব ভাল বুঝি গান্ধারী, কিন্তু রাজকার্য যে এখনও বাকি পড়ে আছে । আমি যাচ্ছি সেই কাজ সম্পন্ন করতে । এইতো বিদুর আছে, সঞ্জয় আছে, আছে আরোও পাত্র, মিত্র, অমাত্য । কিন্তু তারা? তারা কি আর আছে সঞ্জয়? এতলোকের কাজ আমরা তিনজনে কি করে সম্ভব করবো বিদুর?

গান্ধারী ।।   কী সেই রাজকার্য রাজন? আমাদের কোন পাত্র, মিত্র, অমাত্য অবশিষ্ট আছেন যে আপনাকে রাজকর্মে সাহায্য

করবেন? আর কাদের জন্যই বা আপনার রাজকার্য অসম্পূর্ণ আছে মহারাজ

ধৃতরাষ্ট্র ।।   আমার শতপুত্রের ক্ষতবিক্ষত দেহাবশেষ এখনো কুরুক্ষেত্রের চারিদিকে ছড়িয়ে ছিটিয়ে পড়ে আছে গান্ধারী, তাদের শেষকৃত্য সম্পন্ন করাই যে আমার এখনকার রাজকার্য ।

গান্ধারী ।।   পুত্র কি একা আপনার কুরুরাজ? আপনার শতপুত্রকে গর্ভে ধারণ করেছি গান্ধার কন্যা, আমি গান্ধারী । পুত্রশোক আপনার একার কেন হতে যাবে রাজন, তাতে যে আমারও সমান অধিকার । কি কারনে আমি তা থেকে বঞ্চিত হব? কুরুবংশের কোন নিয়ম তাতে লঙ্ঘিত হবে? আমিও যাব আপনাদের সাথে সে ধর্মক্ষেত্রে, যেখানে আমার শতপুত্র তাদের ক্ষত্রিয় ধর্ম পালন করতে গিয়ে মৃত্যুকে বরণ করে নিয়েছে, কাপুরুষের মতো ছলের সাহায্য নিয়ে যুদ্ধে জয়লাভ করার চেয়ে এ অনেক বেশি গৌরবের ।

ধৃতরাষ্ট্র ।।   কিন্তু সেই স্থান কি তোমার পক্ষে উপযুক্ত? সঞ্জয়? বিদুর?

গান্ধারী ।।   আমার মহাবলি পুত্রেরা আজ সেই স্থানের শোণিসিক্ত মাটিতে পরম শান্তির নিদ্রায় নিদ্রিত, আমার স্নেহ পরশ নিয়ে স্বর্গের পথে যাবার জন্য তারা সব অপেক্ষা করছে । আমার পুত্রদের শেষ স্পর্শ না পেলে আমিই বা কোন স্মৃতি নিয়ে বাকি জীবন অতিবাহিত করব স্বামী? সঞ্জয়, বিদুর তোমরা এতে বাধা দিয়ো না, আমাকেও সাথে নেবার ব্যবস্থা করো ।

সঞ্জয় ।।   কিন্তু মহারানী, কুরুক্ষেত্র যে আপনার পক্ষে অতি ভয়ঙ্কর –

গান্ধারী ।।   আর একাকী হস্তিনাপুরের এই প্রাসাদ কি কম ভয়ঙ্কর সঞ্জয়? আমি শোকে বিহ্বল মহারাজ, কিন্তু আমি জানি যে আমাদের পুত্ররা আপনার, ভীষ্ম, দ্রোণেদের কথার কর্ণপাত করেনি । রাজত্বের অর্থ যে মহৎ প্রভুত্ব, দুরাত্মারা এই পদ কামনা করলেও যে রাখতে পারে না, সে সত্য তারা মানে নি । যে ব্যক্তি কামনা বা ক্রোধের বশে আত্মীয় বা অন্যের প্রতি অন্যায় আচরণ করে কেউ যে তাদের সহায় হয় না একথা তারা বিশ্বাস করতো না । পাণ্ডবগণ ঐক্যবদ্ধ, মহাপ্রাজ্ঞ, বীর, তাদের সাথে মিলিত হলে তারা সকলেই একসাথে অনেক সুখে পৃথিবী ভোগ করতে পারতো এই সরল সত্যটা তারা বুঝতে চায় নি । যুদ্ধে কল্যাণ নেই, ধর্ম বা অর্থ নেই, সুখ নেই, সর্বদা জয়ও সম্ভবপর নয় এই বাস্তবটাও তারা গ্রাহ্য করে নি । আজকের সকল সর্বনাশের কারণ তারা নিজেরাই, এতে অদৃষ্টরও কোন হাত নেই । আমি জানি সে কথা, কিন্তু তা সত্ত্বেও তারা যে আমাদেরই সন্তান, আমার গর্ভে তাদের প্রাণসঞ্চার হয়েছে, আজ তারা অসহায়, অনাদরে ধূলায় ভুলুণ্ঠিত । আমি যাবো সেই রণভূমিতে যেখানে আমার শতপুত্র মৃত্যুলোকে যাবার পূর্বে তাদের মাতৃ-আশিসের জন্য অপেক্ষা করছে

বিদুর ।।   চলুন রাজ্ঞী । আপনার পুত্রদের শেষ আশীর্বাদ দিতে চলুন আমাদের সাথে –

[কৃপাচার্য, অশ্বত্থামা ও কৃতবর্মা অত্যন্ত দ্রুত প্রবেশ করে । সকলে হতচকিত হয়ে যায় ।]

বিদুর ।।   কে? কারা এখানে বিনা অনুমতিতে প্রবেশ করলেন? ও কৃপাচার্য – তা হঠাৎ এ আগমনের হেতু?

কৃপাচার্য ।।   [ধৃতরাষ্ট্রের প্রতি] মহারাজ আপনার সকল পুত্র অতি দুষ্কর কার্য সাধন করতে গিয়ে অনুচরদের সাথে ইন্দ্রলোকে গমন করেছেন । আমাদের সমস্ত সৈন্যই বিনষ্ট হয়েছে । এখন আমার সাথে আছেন অশ্বথামা আর কৃতবর্মা, আমরা এই তিনজনই অবশিষ্ট আছি ।

কৃতবর্মা ।।   [গান্ধারীর প্রতি] রাজ্ঞী, তোমার সকল পুত্র নির্ভীক চিত্তে, বীরচিত ভাবে যুদ্ধ করে শত্রুদের বিনাশ করতে করতে নিহত হয়েছেন, তাঁরা সবাই অমরের মত সুনির্মল দেবলোকে পরিভ্রমণ করছেন । আমাদের পক্ষের বীরেদের মধ্যে কেউই যুদ্ধে পরাঙ্মুখ বা শত্রুদের শরণাপন্ন হয়ে নিহত হন নি । তাঁদের জন্য শোকের পরিবর্তে গর্ব বোধ করা উচিত ।

অশ্বথামা ।।   মহারাজ, সর্বোপরি পাণ্ডবরাও সহজে নিষ্কৃতি লাভ করতে সমর্থ হয় নি । আমরা তিনজন যখন জানতে পারলাম যে দুরাত্মা ভীমসেন অধার্মিক উপায়ে মহাবীর দুর্যোধনকে হত্যা করেছে, তখন প্রবল ক্রোধে উন্মত্ত হয়ে সেই রাত্রের অন্ধকারেই শিবির মধ্যে প্রবেশ করে নিদ্রিত পাণ্ডব পক্ষের বীরদের হত্যা করে বিনাশ করেছি । দৃষ্টদ্যুম্ন সমেত বেশ কিছু পাঞ্চাল আর দ্রৌপদীর পাঁচ পুত্র আমাদের হাতে নিহত হয়েছে । মহারাজ ভাববেন না পাণ্ডবরা কেবল আপনাদের পুত্রহীন করেছে, আপনাদের মত আজ তারাও পুত্রহীন ।

কৃপাচার্য ।।   মহারাজ এই সংবাদ দিতেই আমরা আপনার কাছে এসেছি । তবে আমাদের এই কাজের খবর পাওয়া মাত্রেই পাণ্ডবরা প্রবল ক্রোধে উন্মত্ত হয়ে আমাদের সংহার করবার চেষ্টায় চতুর্দিক খুঁজে বেড়াচ্ছে । তাই আমরা প্রাণভয়ে যুদ্ধক্ষেত্র থেকে পালিয়ে এসেছি, আপনার কাছে আর বেশিক্ষণ থাকবার সাহস পাচ্ছি না । আপনি আমাদের যাবার অনুমতি দিন ।

অশ্বথামা ।।   আচার্য, এইস্থানে আর বেশিক্ষণ অপেক্ষা করা আমাদের পক্ষে অত্যন্ত বিপজ্জনক । যতদূর জানি পাণ্ডবদের আজ মহারাজের সাথে দেখা করবার সম্ভাবনা রয়েছে । হয়ত আর কিছুক্ষণের মধ্যে তারা এখানে এসে উপস্থিত হবে । তখন আমাদের প্রাণসংশয় অবশ্যম্ভাবী । চলুন আর বিলম্ব করবেন না –

[তিনজনেই দ্রুত প্রস্থান করে । সকলেই কিছুক্ষণ বাক্‌রুদ্ধ অবস্থায় থাকে । পিছন মঞ্চের আলো ছোট হয় । সামনের আলো স্বাভাবিক হতে থাকে]

গিরিধারী ।।   তা তোমার কীসের এত তাড়া যে এক্ষুনি জয়েন করতে লাগবো? অবশ্য বিদেশী কোম্পানির চাকরি, শুনতে তো বেশ ভালোই । তা হ্যারা তোমায় কি কামে লাগাইব দাদুসাহেব? তুমি তো এই লেখাপড়া শেষ করলা মাত্র? কামের জায়গাটা তো আর ক্লাসরুম না আর মাস্টারও নাই –

বাবু ।।   কী করে বোঝাই, এটা একটা সাপ্লাই চেইন ম্যানেজমেন্ট কোম্পানি দাদু । মানে আমাদের রোজকার লাইফে যা কিছু লাগে তার অলমোস্ট সবকিছু আজ ইন্টারনেটে অর্ডার দিলে বাড়ি বসে পাওয়া যায় । তা সেগুলো তো আর নিজে নিজে আসে

না । কেউ পৌঁছে দেয় । এই পৌঁছে দেওয়ার ব্যাপারটাকে বলে লজিস্টিক । আমি সেইটাই দেখবো –

অমলেন্দু ।।   বলিস কী রে সে তো বিশাল ব্যাপার –

গিরিধারী ।।   কিন্তু তুমি তো ম্যাকানিকাল ইঞ্জিনিয়ার, তা তুমি ক্যান মাইনষের বাড়ি বাড়ি মাল পৌঁছানোর কাম করবা –

অমলেন্দু ।।   আঃ বাবা, বাবু শুধু ইঞ্জিনিয়ারই নয় ও ম্যানেজমেন্টও করেছে । ওকে সাধারণ ইঞ্জিনিয়ারের সাথে তুলনা করা যায় না –

গিরিধারী ।।   সে যাই করুক বেসিক্যালি তো ইঞ্জিনিয়ার – হ্যা ক্যান মাল সাপ্লাইয়ের কাম করবো?

বাবু ।।   দাদু, দাদু, টাকার গায়ে তো লেখা থাকবে না যে আমি কি কাজ করে উপার্জন করি

গিরিধারী ।।   একদম ঠিক কথা । টাকা তো বহু মাইনষে কামায় তারা কয়জন পড়ালেখা করসে? শুধু টাকা কামানোর লইগ্যা এত ভাল জায়গায় পড়ালেখা করবার কি প্রয়োজন ছিলো –

বাবু ।।   অফ কোর্স প্রয়োজন ছিলো তা না হলে আমার ভ্যাল্যু বাড়বে কি করে?

গিরিধারী ।।   তা দাদু সাহেব, তোমার ভ্যাল্যু তখনই বাড়বো যখন আর কিছু মাইনষের ভালো থাকনের ব্যবস্থা করতে পারবা । তা না হইলে খালি একার ভাল থাকনের জন্য আর কতটুকু ভ্যাল্যু লাগে । তাছোড়া মাল সাপ্লাইএর কামে একজন ম্যাকানিকাল ইঞ্জিনিয়ার কি ভ্যাল্যুটা বাড়াইবো হেইডা একটু বুঝাইয়া কইবা?

বাবু ।।   অনেকটাই ভ্যাল্যু বাড়াবো দাদু, তা না হলে তো আর এমনি এমনি আমায় বছরে ১লাখ ডলার মাইনে দিতে চাইছে না –

অমলেন্দু ।।   ১ লাখ ডঃ – মানে টাকায় কত?

বাবু ।।   তা ধরে নাও আশি লাখ টাকা হবে –

অমলেন্দু ।।   আশি লাখ টাকা? তোর মাত্র এক বছরের রোজগার? আমি তো স্বপ্নেও ভাবি নি যে এরকম একটা মাইনে হতে পারে । আর সেটা পাবে আমারই ছেলে? অনীতা - অনীতা কোথায় গেল? মনে হচ্ছে বিষম খাব এবার – একটু জল নিয়ে এস । জল শিগগিরি – [কাশতে থাকে, বাবু যেতে গেলে তার হাত ধরে থামায়]

অনীতা ।।   [এক হাত কানে মোবাইল, অন্য হাতে জলের বোতল নিয়ে একপ্রকার ছুটে প্রবেশ করে] কি হল? অত চেঁচাচ্ছো কেন? জল তো? এই নাও [ফোনে বলে] একটু ধর ভাই, তোমার দাদাকে একটু জল দিয়ে নিয়ে কথা বলছি - হ্যাঁ জানোই তো – প্রায় মাস তিনেক হল – হ্যাঁ ঠিকই শুনেছো – বাঁ দিকটা – এক মিনিট [অমলেন্দুকে জলের বোতলটা এগিয়ে দিতে দিতে] মন্দিরা লাইনে আছে, সামান্য কারণে এমন চেঁচায় কেউ?

অমলেন্দু ।।   তোমার বাবুর সামান্য মাইনে শুনে বিষম লেগে গেল যে? কি করবো? আর একটু দেরি করলে প্রাণটাই দেহ ছেড়ে লাফিয়ে উঠত –

অনীতা ।।   সামান্য মাইনে? সে আবার কি? তাড়াতাড়ি বলো মন্দিরা লাইনে আছে –

অমলেন্দু ।।   সামান্য মানে এই বছরে আশি লাখ – কি তোমার চলবে তো? হাঃ হাঃ মুখখানা একবার দ্যাখ বাবু

অনীতা ।।   আশি লাখ? ঠিক বলছে তো বাবু? কিরে । য়্যাঁ – হ্যাঁ ? [হঠাৎ খুব গম্ভিরভাবে মোবাইলে বলতে থাকে] হ্যাঁ মন্দিরা – তারপর মাইনের কথাটা তো তোমায় এখনও বলাই হয় নি – ওদের তো আবার প্যাকেজ সিস্টেম । [বলতে বলতে বেরিয়ে যায়]

বাবু ।।   সো নাও ইউ নো, নিশ্চয়ই কিছু ভ্যাল্যু অ্যাড করবো নাহলে এত মাইনে দেবে কেন?

গিরিধারী ।।   না, কিছুই বুঝলাম না । হ্যারা বিদেশি কোম্পানি এইখানে সব কিছু তাগো কাছে জলের দর । কিন্তু তা বইল্যা তুমি ভারতবর্ষের একজন টপ ক্লাস জায়গার থিকা ইঞ্জিনিয়ারইং শিখ্যা মাল সাপ্লাইয়ের কাম করবা শুধুমাত্র বেশি রোজগারের জন্য – হেইডা কেমনে হজম করুম ।

বাবু ।।   কী বুঝতে চাইছো তুমি?

গিরিধারী ।।   তুমি তো একজন দক্ষ ইঞ্জিনিয়ার নাকি? তোমার ক্ষমতা সাধারণের চাইতে অনেকটাই বেশি, অনেক বড় কিছু করনের সম্ভাবনা আছে তোমার মধ্যে । খালি রোজগারের চিন্তা তুমি করবা ক্যান? তুমি তো বহু মাইনষেরে সঙ্গে লইয়া চলার ক্ষমতা রাখো –

বাবু ।। নাও সামলাও দাদুকে । আমি কি তাহলে লেবার সর্দার হবার জন্য এতখানি এফর্ট দিলাম?

গিরিধারী ।। একদম ঠিক কইস দাদুভাই । সমস্যাটা লেবারগো লইয়া না, তাগো সর্দার এখনও আমরা ঠিকমতো তৈরি করতে পারি নাই । এতকাল দ্যাশ স্বাধীন হইসে কিন্তু আমাগো ইঞ্জিনিয়াররা এখনও নাবালক । সব কিছুতেই বিদেশি সাহায্য লাগে। তোমরা এতখানি দক্ষ হইয়া যদি হাতটা সরাইয়া নাও তাহলে লেবারগো হাতে ধইরা শিখাইবোটা কে?

অমলেন্দু ।। আঃ বাবা এটা একটা কথা হল নাকি? রোজগারটাই তো আসল? এত খাটাখাটনি করে সমস্ত কিছুকে একপ্রকার ত্যাগ করে বাবু পড়াশুনা করে যে জায়গাটায় নিজেকে নিয়ে গেছে সেটা কি শুধুমাত্র সাধারণভাবে বেঁচে থাকবার জন্য?

গিরিধারী ।। এক্কেবারেই না । সাধারণ ভাবে বাঁচতে কে কইসে? সাধারণ মানুষ খালি নিজের কথার বেশি আর কিছু ভাবতেই পারে না । আমার একটাই প্রশ্ন, এত উন্নতমানের জ্ঞান অর্জনের পর তোমার কামের সোশ্যাল ইমপ্যাক্ট কতখানি? কতজনের জীবনের উন্নতি আনতে পারবা? নিজে প্রচুর রোজগার করলাম, ভাল থাকলাম তাতে কার কী আইসা গেল?

বাবু ।। আমি কি এখন সমাজসেবা করতে নামবো নাকি? তোমাদের আরও গর্বিত করবার জন্য? স্টিল নট এনাফ প্রাউড?

গিরিধারী ।। সেবা? সে তো অনেক দূরের কথা – আমি খালি জিগাইতাসি তোমার সারাদিনের কামের ইমপ্যাক্ট কতখানি?

বাবু ।।   ইমপ্যাক্ট মানে?

গিরিধারী ।।   হায় রে হেইডা সিলেবাসে ছিল না বুঝি?

অমলেন্দু ।।   আঃ বাবা তোমার বক্তব্যটা কি? একটা লেখাপড়ায় চ্যাম্পিয়ন ছেলের ভাল একটা চাকরি পাওয়াটাই তো যথেষ্ট সামাজিক কর্তব্য । তোমার কথা অনুযায়ী তো পলিটিক্সে নাম লেখাতে হয় –

গিরিধারী ।।   ক্যান রাজনীতি করবা ক্যান? পারবা নাকি কিছু করতে সেইখানে? তার জন্য আরও পরিণত হওয়া দরকার । তারপর মনে করলে নিশ্চই করবা কারণ সেইখানে ভাল লোকের বেশি প্রয়োজন । সে যাউক গিয়া, আচ্ছে দাদুসাহেব তোমার কোম্পানি কাগো তৈরি মাল তোমারে দিয়া সাপ্লাই করাইব?

বাবু ।।   ম-ম-মোস্টলি চায়না, তাইওয়ান, জাপান, কোরিয়া – মে বি ইভেন থাইল্যান্ড, মালয়েশিয়া । কেন?

গিরিধারী ।।   ইন্ডিয়া বাদে আর সকলেই আছে দেখতাসি –

বাবু ।।   ইন্ডিয়া? ইন্ডিয়ার কোনো কন্জ়ুমার বা ইন্ডাস্ট্রিয়াল প্রডাক্ট আছে নাকি যেটা ইন্টারন্যাশনাল মার্কেটে চলে?

গিরিধারী ।।   হেইডা তোমারে লজ্জা দেয় না দাদুসাহেব?

[সামনের মঞ্চের আলো ছোট হয় । পিছন মঞ্চের আলো স্বাভাবিক হতে থাকে]

গান্ধারী ।।   নির্লজ্জ ধর্মরাজ, এখন তোমার ধর্মানুরাগ আর অনুশাসন কোথায় গেল । তুমি কীভাবে চতুরতার আশ্রয়ে ভ্রাতা,

গুরুপুত্র ও মিত্রদের বিনাশ করলে । মহাবীর ভীষ্ম, দ্রোণ, জয়দ্রথ ও আত্মীয়দের সংহার করে কি তোমার মন কুষ্ঠিত হয় নি? মহাবীর অভিমন্যু, দ্রৌপদীর পঞ্চপুত্র বিয়োগের শোক নিয়ে তুমি কীভাবে রাজ্যভোগ করবে?

বিদুর ।।   হে রাজ্ঞী, বিষয়টা রাজ্যভোগ নয় । রাজার কাজ রাজ্য চালন করা, প্রজা পালন করা, রাজত্ব বিস্তার করা, রাজ্য ভোগ করা নয় । তোমার স্বামীর কাছে রাজ্যের চেয়ে প্রধান ছিল তাঁর পরিবার ও পুত্র । তোমার পুত্রদের কাছে রাজ্যের চেয়ে অধিকতর প্রাধান্য পেত তাদের ব্যক্তিগত স্বাচ্ছন্দ্য, ভোগবিলাস আর উচ্চাকাঙ্ক্ষা, আজ অশ্বত্থামারা বুঝিয়ে গেল যে রাজ্যের চেয়ে তাদের প্রভুভক্তির স্থান উচ্চতর । দেবী, কুরুবংশের সকলেই তাদের ব্যক্তিগত অভিলাষা পূরণ অপেক্ষা আর কিছুকেই প্রাধান্য দেয় নি । তার ফলস্বরূপ দ্রৌপদীর পঞ্চপুত্র বিয়োগের সাথে সাথে যুধিষ্ঠিরের পরবর্তী রাজ্য চালনার দায়িত্ব নেবার জন্য কুরুবংশের আর কেউই জীবিত রইলো কিনা জানি না । হায় – তোমরা নিজেদের গণ্ডির বাইরে কিছুই চিন্তা করো নি, তাই কোনো কাজের পূর্বে সামান্য হিতাহিতের বিচারটুকুও করে দেখো নি যে এতে দেশের এবং দেশের উপর কিরূপ প্রতিক্রিয়া হতে পারে, আর্যাবর্তের এরূপ মূঢ় শাসক আর কোন কালেই আসে নি । জানি না এ অন্ধকারের অন্তে আরোও কি দুঃসহ পরিস্থিতি অপেক্ষা করছে ।

[অনেকের পায়ের আওয়াজ শোনা যায়]

এই সময়ে এত পদশব্দ কাদের? সঞ্জয়, দেখ তো আবার কারা এসেছেন এখানে, আর তাঁদের আগমনের হেতু?

[সঞ্জয় বের হবার উদ্যত হতেই মঞ্চে ব্যাসদেবের সাথে যুধিষ্ঠির, কৃষ্ণ, এবং ভীম প্রবেশ করে]

সঞ্জয় ।।   আসুন আসুন মহর্ষি ।

বিদুর ।।   মহারাজ, মহর্ষি ব্যাসদেব, যুধিষ্ঠির, ভীমসেন আর কেশবকে নিয়ে আপনার সাথে দেখা করতে এসেছেন । আপনি নিজেকে শান্ত রাখুন আর আসন গ্রহণ করুন ।

[যুধিষ্ঠির প্রথমে ধৃতরাষ্ট্রকে প্রণাম করে । ধৃতরাষ্ট্র তার গায়ে মুখে হাত বুলিয়ে চেনবার চেষ্টা করেন । হঠাৎ অত্যন্ত উত্তেজিত হয়ে পড়েন । তারপর কৃষ্ণ প্রণাম করেন। ধৃতরাষ্ট্র একপ্রকার চিৎকার করে প্রশ্ন করেন]

ধৃতরাষ্ট্র ।।   কে? ভীম? কই না তো, ভীম কোথায় ভীম কোথায়? কে এটা?

কৃষ্ণ ।।   আমি কেশব কুরুপতি   ।

ধৃতরাষ্ট্র ।।   ও কেশব? কিন্তু ভীমসেন কোথায়, বিদুর যে বললে তোমরা তাকেও সাথে করে নিয়ে এসেছো । কোথায় সে? কোথায় ভীমসেন?

ভীম ।।   এই যে আমি এইখানেই জ্যেষ্ঠতাত –

ধৃতরাষ্ট্র ।।   কই? কোথায় ভীম? তুমি এস আমার কাছে –

[ভীম প্রণাম করতে উদ্যত হলে, কৃষ্ণ তৎক্ষণাৎ বাধা দেন । তাকে পিছনে দাঁড়াবার ইশারা করেন, ঘরের এক পাশে রাখা

ভীমের এক লোহার মূর্তি এনে ধৃতরাষ্ট্রের সামনে দাঁড় করায়, তারপর ভীমকে আবার কথা বলতে ইশারা করেন]

ভীম ।।   আমি আপনার সামনেই আছি জ্যেষ্ঠতাত –

[ধৃতরাষ্ট্র তীব্র চিৎকার করতে করতে অত্যন্ত আক্রোশের সাথে ভীমের লোহার মূর্তিকে জড়িয়ে ধরে প্রবল শক্তিতে চাপ দিয়ে মূর্তি ভেঙ্গে ফেলেন আর মাটিতে পড়ে যান । সকলেই ভয়ে হতভম্ব হয়ে যায় । ভীম ভয়ে ভীত হয়ে কৃষ্ণের পেছনে আশ্রয় নেয় । খানিকটা হুলস্থুল পরিবেশ তৈরি হয় । সঞ্জয় তাড়াতাড়ি ধৃতরাষ্ট্রকে উঠিয়ে বসায়]

ধৃতরাষ্ট্র ।।   [সম্বিত ফিরে পেয়ে উচ্চস্বরে কেঁদে ওঠে] হা ভীম – পুত্র আমার, আমি এ কী করে ফেললাম । ক্রোধ সম্বরণে বিফল হয়ে আমি এ কী ভয়ঙ্কর কাণ্ড করে ফেললাম? মধ্যম পান্ডবের কী পরিস্থিতি হয়েছে তোমরা শীঘ্র আমায় বল –

[পিছন মঞ্চের আলো ছোট হয় । সামনের আলো স্বাভাবিক হতে থাকে]

অমলেন্দু ।।   কি আজে বাজে বোকছো বাবা? যত্তসব সেন্টিমেন্টাল ইম্প্র্যাক্টিক্যাল কথাবার্তা –

গিরিধারী ।।   সেন্টিমেন্টাল? ইম্প্র্যাক্টিক্যাল? বিদেশি জিনিস বেচনের কামটাই প্র্যাকটিক্যাল? তোমাগো কি নিজস্বতা বইল্যা কিছুই নাই?

বাবু ।।   সেটা আবার কি সফটওয়্যর?

গিরিধারী ।।   নিজের ভাষায় কথা কওনের জন্য রাস্তায় নামছিলাম । ঢাকা বিশ্ববিদ্যালয়ের এম এস সি পড়া ছাইড়া মুজীব সাহেবের ডাকে একলগে গলা ছাড়সি আমার নিজের ভাষায় কথা কওনের জন্য । সেইডা ১০০% সেন্টিমেন্টাল ছিল । ফলস্বরূপ খানসেনারা ভিটামাটির থিকা উৎখাত করলে পর বনগাঁর রিফিউজি ক্যাম্পের বহু লোকের দায়ভার নিয়া থাকসি তিন বছর, হেইডা ছিল তখনকার একমাত্র প্র্যাক্টিক্যাল কাম । আমার ভাষা যখন কাইড়া নিতে আইসিলো তখন চুপ কইরা থাকাটা ছিল সবথেকে লজ্জার । আজ তোমার তো সেই বাঁচন মরণের পরিস্থিতি নাই দাদুসাহেব, এতখানি জ্ঞান অর্জন করসো তুমি তারপর কেউ যখন তোমার দ্যাশেরে লইয়া ঠাট্টা রসিকতা করবো, লজ্জা পাইবা না তুমি তখন?

বাবু ।।   দাদু, নাও দিস ইজ টু্য মাচ । সর্ট অফ ইমোশানাল ব্ল্যাক মেইলিং । আচ্ছা আমি যে এত কষ্ট করে এতখানি কমপিট করার পর একটা ড্রীম জব পেলাম, ইজ ইট নট সাফিসিয়েন্ট এনাফ ফর ইউ অল?

অমলেন্দু ।।   আমাদের জন্য মোর দ্যান সাফিসিয়েন্ট –

গিরিধারী ।।   নিশ্চই তোমাগো জন্য সাফিসিয়েন্ট । কম্পিটিশানের তো হেইডাই সমস্যা, খালি একজনই ফার্স্ট হয় অন্য সকলরে হারাইয়া । সব্বাইরে কান্দাইয়া একা সোনার মেডেল নেওনের মধ্যে যে কী আনন্দ পাওয়া যায় কে জানে? চারপাশটা তাকাইয়া দ্যাখো, এর মধ্যে একা ভাল থাকতে ভাল লাগবো তোমার? তুমি সাধারণ মাপের হইলে মানতাম, কিন্তু এই ট্যালেন্ট লইয়া তোমার ড্রীমটা এত ছোট রাখলা ক্যামনে যে একখান চাকরি

পাইয়াই স্বপ্নটা ফুরাইয়া গেল? যার মধ্যে তোমাগো কয়জন ছাড়া আর কারও অস্তিত্বই নাই –

[অনীতা ঢোকে । বুঝে উঠতে পারে না আলোচনার বিষয়বস্তু । চুপ করে একপাশে বসে]

অমলেন্দু ।। ও‌ঃ! সত্যি বাবা, তোমার মাথা থেকে মুক্তিযুদ্ধের ভূত এখনোও যায় নি । তা তুমিও তো নিজের দেশ ছেড়ে এদেশে এসেছিলে ভালো থাকবার জন্য? নিজেরটা বুঝেই তো একটা ডিসিশান নিয়েছিলে তখন?

গিরিধারী ।। দ্যাশ আমি ছাড়ি নাই, ভিটা হারাইছি । কিন্তু নিজের দ্যাশেই আছি । কিছু মতলব বাজ একখান তারকাঁটার বেড়া তুইল্যা দিসে বইল্যা আমার দ্যাশ আলাদা হইয়া গেলো নাকি?

অমলেন্দু ।। যে ভাষার জন্য রাস্তায় নেমেছিলে সে তো ওপাড়ে বসে আছে । তা গেলে না কেন ফিরে?

গিরিধারী ।। কে কয় আমার ভাষা এইখানে নাই? আমার, তোমার, দাদুসাহেবের আর সকলের জীবনের বিশেষ বিশেষ দিনগুলিতে সারা দ্যাশ এক ভাষায় কথা কয় । অন্নপ্রাশনে, উপনয়নে, বিবাহে, শ্রাদ্ধে, দুঃক্ষে, আনন্দে, শ্রদ্ধায়, আশীর্বাদে, পূজায় আমাগো ভাষা এক । হ্যার নাম ভারতবর্ষ । একটা সেন্টিমেন্ট –

অমলেন্দু ।। তা সেই সেন্টিমেন্ট ভিজিয়ে খেয়ে গোটা জীবনটা কাটাতে পারতে? ব্যবসা করতে গেলে কেন?

গিরিধারী ।। সেটাও সেন্টিমেন্ট । আমি ওই পারে গিয়া মুক্তিযোদ্ধার সার্টিফিকেট লইয়া অনায়াসেই সরকারি চাকরি নিয়া লাইফে সেটেল হইতে পারতাম, কিন্তু নিই নাই । ক্যাম্পের কয়েক হাজার লোকের তখন ছিল খাবার জোগাড়ের রোজকার লড়াই । তাই সামান্য পুঁজি জোগাড় কইরা শুরু করলাম চালের ব্যবসা । পিঠে কইরা চালের বস্তা আইন্যা লোকের কাছে পৌঁছাইয়া দিসি এমন একটা সময়ে যখন চালের কালোবাজারির ঠ্যালায় মানুষ জেরবার হইয়া গেছিলো । নিজের লাভের থিকা তখন অনেক বেশি প্রয়োজন ছিল আমার আশেপাশের মানুষের বাঁইচ্যা থাকার লড়াইটার সাপোর্ট দেওয়া । হেইডাই ছিল আমার ইমপ্যাক্ট, আমার কমিটমেন্ট, সকলের সাথে আমার একাত্মবোধ –

অমলেন্দু ।। আজকের সাথে তার তুলনা চলে নাকি? আজকের দিনের বাঁচার লড়াইটা সম্পূর্ণ অন্যরকম –

গিরিধারী ।। কিসের লড়াই তোমাগো? আমি আমার ব্যবসা কইরা তোমার সাধ্যমতো পড়ালেখার সুযোগ কইরা দিসি । তুমি তোমার ব্যাঙ্কের চাকরি কইরা দাদুসাহেবরে তোমার থিকা উন্নত হবার সুযোগ কইরা দিস । তোমাগো লড়াইটা কবে করতে হইল আবার?

বাবু ।। এ লড়াইএর নাম কম্পিটিশান দাদু, এটা তোমাদের সিলেবাসে ছিলো না –

গিরিধারী ।। কার লগে কম্পিটিশান করতাস? নিজের আত্মীয় আর প্রতিবেশীর সাথে লইড়া কি পাইবা শেষমেষ? কম্পিট করো না ক্যান চীন, জাপান, কোরিয়ার সাথে? যে দ্যাশে একখান ভাল

নেইলকাটার তৈরি হয় না সেই দ্যাশের একজন উচ্চশিক্ষিত ইঞ্জিনিয়ার লোকের বাড়ি বাড়ি মাল পৌঁছাইয়া দিব, হেইডা কোন কম্পিটিশানের ফার্স্ট প্রাইজ?

বাবু ।।   তুমি – তুমি এক্সপেক্ট করছো যে আমি এখন কারখানায় কাজ করবো?

গিরিধারী ।।   একদম ঠিক, তবে সেই কারখানাটারে ওউন করবা তুমি । নিছক কর্মচারী না । কারন তুমি সেই ক্ষমতা রাখ –

বাবু ।।   আমি বিজনেস করবো?

গিরিধারী ।।   না তুমি শিল্প গড়বা, যেটা বহু মানুষরে অন্ন সংস্থান দিবো । আর বিদেশের বাজার মাতানো প্রডাক্ট তৈরি করবো । শুধু তোমার রোজগার না দ্যাশেরও রোজগার হইব সাথে সাথে । তোমাগো মতোন ব্রিলিয়ান্ট ছাড়া আর কার এই কাম করবার ক্ষমতা আছে তা কইবা আমারে দাদুসাহেব? তোমরা তিন চারজন সহপাঠী একলগে ব্যাঙ্কের কাছে প্রস্তাব দিলে কোন ব্যাঙ্ক তোমাগো না করবো তা কইবা আমারে? তোমাগো ইমপ্যাক্ট কতটা গভীর হইতে পারে তা ভাইবা দ্যাখসো কখনও? চাকরি করতে গিয়া নিজেরে হারাইয়া ফেলবা ক্যান দাদুসাহেব?

অমলেন্দু ।।   [হাত তালি দিয়ে] বাবা এটা তোমার সেই মুজিবসাহেবের ভাষণ হচ্ছে –

অনীতা ।।   যাঃ এইভাবে কেউ কথা বলে?

অমলেন্দু ।।   [চিৎকার করে] চুপ করে যেমন বসে ছিলে সেটাই থাকো, নাক গলাবে না এখন – এইরকম একটা ব্রাইট

ক্যারিয়ার ছেড়ে কেউ যায় নাকি ওইসব ঝামেলার মধ্যে? ব্যবসাই যদি করতে হয় তাহলে কী দরকার ছিল এতটা পড়াশুনা করবার? চাকরি করা মানে কি লাইফে হেরে যাওয়া নাকি?

[সামনের আলো ছোট হয় । পিছন মঞ্চের আলো স্বাভাবিক হতে থাকে]

কৃষ্ণ ।।   কুরুরাজ শান্ত হন ।

ধৃতরাষ্ট্র ।।   কে? কেশব? কোথায় তুমি? তুমি আমায় বল ভীমসেনের কি পরিস্থিতি?

কৃষ্ণ ।।   উতলা হবেন না মহারাজ । হ্যাঁ যদিও আপনার আচরণ ছিল অতি ভয়ঙ্কর, তথাপি ফল তদরূপ সাংঘাতিক হয় নি । আপনি মহাবলী ভীমসেনের কোন ক্ষতি করেন নি ।

ধৃতরাষ্ট্র ।।   তাহলে আমার সমস্ত শক্তি দিয়ে আমি কাকে পিষ্ট করলাম?

কৃষ্ণ ।।   আপনি আপনার সমস্ত ক্রোধকে পুঞ্জীভূত করে যে শক্তি উৎপন্ন করেছেন তা সহস্র হস্তির শক্তির সাথে তুলনীয় । সেই অতুলনীয় শক্তি দিয়ে আপনি ভীমসেনের পরিবর্তে তারই প্রতিমূর্তি চূর্ণ করেছেন –

ধৃতরাষ্ট্র ।।   ভীমসেনের প্রতিমূর্তি?

কৃষ্ণ ।।   হ্যাঁ, দুর্যোধন তার বিকৃত ক্রোধ নিবারণের জন্য ভীমসেনের যে লৌহ প্রতিমূর্তি নির্মাণ করেছিল, যাতে প্রতিনিয়ত আঘারিত করে সে তীব্র সুখানুভূতি উপভোগ করতো, সেই মূর্তিই আমি আপনার সামনে রেখেছিলাম । আপনার মন ধর্ম থেকে বিচ্যুত

হয়েছে বলেই আপনি ভীমসেনকে বধ করতে চেয়েছিলেন, কিন্তু তাকে মারলেও আপনার পুত্রেরা কেউ বেঁচে উঠবে কি?

ধৃতরাষ্ট্র ।।   আমি নিজেকে সংযত রাখতে বারম্বার বিফল হচ্ছি মধুসূদন, তুমি না থাকলে আজ আমি পুত্রহন্তক হতাম । আমার পাপের ক্ষমা নেই –

কৃষ্ণ ।।   আপনি বেদ ও বিবিধ শাস্ত্র অধ্যয়ন করেছেন, পুরাণ ও রাজধর্মও শুনেছেন, তবে স্বয়ং অপরাধী হয়ে এরূপ ক্রোধ করছেন কেন? আপনার এমনই দুর্দশা যে আজও আপনি ভীমসেনকে সংহার করবার ইচ্ছা মনের গভীরে লালন করছেন । আপনি নিরপরাধ পাণ্ডবদের পরিত্যাগ করেছিলেন আর দুর্যোধন তাদের উপর কত অত্যাচার করেছিল তা বিবেচনা করে আপনার এই আগ্নেয়গিরিসম ক্রোধ সম্বরণ করুন মহারাজ ।

ধৃতরাষ্ট্র ।।   মাধব এস, আমার হাতটা ধর । তোমার স্পর্শে হয়তো আমি কিছুটা শান্ত হতে পারবো । শোক আর ক্রোধ আমার মনকে সম্পূর্ণ গ্রাস করেছে কেশব, তাই আমি আমার এই উন্মত্ত অস্থির মনের অধীনস্থ হয়ে আছি । তুমি আমায় শান্ত হতে সাহায্য কর বাসুদেব । তোমার সব কথা সত্য । অপত্য স্নেহ আমায় ধৈর্যচ্যুত করেছিল, যার জন্যই আমি ভীমের উপর তীব্র অশুভ বাসনা প্রকাশ করেছি । তুমি ভাগ্যবলে ভীমসেনকে রক্ষা করলে, না হলে আমি পুত্রহত্যার পাপে বিদ্ধ হতাম । তুমি আমায় ক্ষমা কর বাসুদেব । যা হোক আমি এখন একাগ্রচিত্ত হয়েছি, আমার শোক তাপ সমস্ত দূর হয়েছে – মহাবলি ভীম তুমি নির্ভয়ে আমার কাছে এসো, আমি তোমাদের সকলের কুশল ও দীর্ঘায়ু কামনা করছি ।

আমার সকল পুত্র যুদ্ধে নিহত হয়েছে, এখন পাণ্ডুর পুত্ররাই আমার একান্ত স্নেহের পাত্র । যুধিষ্ঠির, ভীম তোমরা এসো আমার কাছে –

[যুধিষ্ঠির ও ভীম পুনরায় ধৃতরাষ্ট্রের কাছে যায় এবং প্রণাম করেন]

ব্যাস ।।   গান্ধারী তুমিও পাণ্ডবদের প্রতি ক্রুদ্ধ হয়ো না । অষ্টাদশ দিনের যুদ্ধের প্রতিদিনই দুর্যোধন তোমাকে বলতো মাতা আমি শত্রুদের সাথে যুদ্ধ করতে যাচ্ছি, আমায় আশীর্বাদ করুন –

গান্ধারী ।।   আর প্রতিবারই আমি এই বলে আশীর্বাদ করেছি, যে পক্ষে ধর্ম সেই পক্ষেরই জয় হবে

[পিছন মঞ্চের আলো ছোট হয় । সামনের আলো স্বাভাবিক হতে থাকে]

বাবু ।।   আমি কোনদিন হারতে শিখি নি । তুমি আমার ক্যারিয়ারটা আন্দাজই করতে পারছো না দাদু ।

গিরিধারী ।।   আমি অনেক কিছুরই আন্দাজ করতে পারতাসি না । তোমাগো মতো ব্রিলিয়ান্টরা যদি ঝামেলার ভয়ে নিজেগো গুটাইয়া রাইখ্যা অন্যের দাসত্ব করে, তাহইলে কাদের হাতে গিয়া পড়বো দ্যাশের অর্থনীতি? কতগুলান লোভী, স্বার্থান্বেষী, ভোগসর্বস্ব মাইনষের হাতে? সব চুরি কইরা পালায় । আর দেখতাস না রাজনীতির জায়গাটা কিরমভাবে ল্যাম্পেন আর ক্রিমিনালগো ক্লাবে পরিণত হইসে? শিক্ষিত, সজ্জন ব্যক্তিরা যদি সারাটা সময় ঘরের মধ্যে বইয়া ফটর ফটর কইরা কেবল সমালচনা করে তাহইলে সমাজ বদলাইব কেডা?

অমলেন্দু ।।   কেন? সবাইকে কি সমাজ বদলে দেখাতে হবে নাকি?

গিরিধারী ।।   ট্যালেন্টেড পোলারা যদি সেই দায়িত্ব না নেয় তাহইলে একটা জাতি দাঁড়াইব ক্যামনে? শুধু লেকচার তো অনেক শুনছি, কাউরে না কাউরে তো একশান নিতে হইব । তোমাগো স্বচ্ছ মানসিকতা আর নতুন চিন্তাধারাই তো পারে মানুষের জীবনের উন্নতি আনতে । এই দায়িত্ব নিতে যদি তোমরা অস্বীকার করো তাহইলে এই গরিব, দুর্ভাগা দ্যাশটা কাগো হাতে চইল্যা যাইতাসে হেইডা বুঝতে পারো না –

বাবু ।।   ও কে দ্যেন লেট্স্ হ্যাভ সাম ওপেন ডিসকাশন । যেটা এতক্ষণ বলে গেলে সেটা তোমার ড্রীম দাদু, কি? না আমি, তোমার নাতি, যেন এইবার দেশের কাজে নিজেকে বলিদান করি । লাইক ইউ ডিড । এই যে বাবা মা, তাদের ড্রীম ছিল যে তাদের ছেলে, যেন সব পরীক্ষায় ফার্স্ট হয় হুইচ আই অলসো ডিড । এখন আমার একটাই কোয়েসচেন, হোয়াট এবাউট মাই ড্রীম? তোমরা সব সময়ে আমার টার্গেট সেট করেছো একবারো চিন্তা করোনি সাইকলজিক্যালি আমার ওপর কি চাপটা পড়ত । আমার লাইকিংটা কি, নেভ্যার । আমি দিন রাত এক করে খালি পড়ে গেছি । টাফেস্ট পরীক্ষাগুলো কমপিট করেছি । এভরিথিং টু স্যাটিসফাই ইওর ডিম্যান্ডস । দিনকে দিন অনেক ছোট ছোট আনন্দগুলো যেটা আমার সমবয়সি ছেলেরা এঞ্জয় করতো আমি তখন টুইশান আর বই এর মধ্যে মাথা গুঁজে থাকতাম । সবসময় মনের মধ্যে থাকতো একটা ফিয়ার অফ ফেইল্যুর । তোমরা আমাকে বরাবর তুলনা করতে উইথ সামবাডি এল্স্ । ক্লাস ফাইভ থেকে আই ওয়াজ

টার্গেটিং সাম বেঞ্চমার্ক । নেভার ইউ একসেপ্টেড মি এ্যাজ আই ওয়াজ । কেন করতে ? কারণটা ছিল তোমাদের সোশ্যাল ডিম্যান্ড । আমাকে হয় মন্দিরা মাসির ছেলে নয়ত অরূপ কাকুর ছেলের থেকে বেটার হতে হবে, না হলে তোমরা মুখ দেখাতে পারবে না, কম্পিটিশানে হেরে যাবে । আমার রেজাল্ট বের হলে শুরু হত তোমাদের ভিক্ত্রি ল্যাপ । আর আমার জন্য তৈরি হত আর একটা হার্ডল । এই যে দাদুর আজকের লম্বা ভাষণ, হ্যাভ ইউ এভার ডিস্কাস্‌ড আমার পছন্দ অপছন্দ উইথ মি? সব্বাই একেকটা ইন্ডিভিজুয়াল এজেন্ডা বানিয়ে রেখেছো যেটা ফুলফিল করাটাই আমার কোর রেস্পন্সিবিলিটি । আমার লাইফে আমিই নেই, এভরি থিং ইজ ডিজাইন্‌ড বাই তোমরা । আমার একটাই কাজ হল নিঃশব্দে তোমাদের প্ল্যান অনুযায়ী অল আউট এফোর্ট দিয়ে বেস্ট রেজাল্ট ডেলিভারি করা ।

অমলেন্দু ।। এসব কী কথা বলছিস তুই? আমারা তো কখনোই ডিম্যান্ড করি নি যে তোকে প্রচুর রোজগার করতে হবে । ইন ফ্যাক্ট আজ তুই যে টাকার অঙ্কটা বললি সেটা আমাদের ধারণারও বাইরে - কি গো তাই তো?

অনীতা ।। বাবুকে আজ একটু কথা বলতে দাও - ও কোনদিনও আমাদের সাথে এত কথা বলে নি –

অমলেন্দু ।। কেন এত কথারই বা কি আছে? আমরা তো শুধু চেয়েছিলাম যাতে ও মানুষের মতো মাথা তুলে দাঁড়াতে পারে । একজন বাপ মার এর বেশি আর কিই বা চাহিদা থাকতে পারে?

বাবু ।।   ঠাকুরমা মারা যাবার দিনেই তুমি আমাকে মামারবাড়ি শিফট করিয়ে দিয়েছিলে দু সপ্তাহের জন্য । সেটা কীসের ইঙ্গিত দেয় বাবা? পরীক্ষার তো তখনও দু মাস দেরি ছিল? বাড়িতে লোকজনের ভিড়ে আমার পড়াশুনার ক্ষতি হবার ভয়ে তোমরা তো আমায় এই ফ্যামিলির একটা মেজর ঘটনা থেকে সরিয়ে রেখেছিলে । তাতে কার টার্গেট মিস হওয়ার ভয় ছিল? আমার না তোমার?

অমলেন্দু ।।   ওইটুকু রেস্ত্রিকশান না থাকলে তোর হায়ার সেকেন্ডারির rank হোতো না –

বাবু।।   তাতে কার কী এসে যেত? না হয় হতাম না দশ জনের এক জন । তোমাদের প্রেস্টিজ ছাড়া আর কার কি ক্ষতি হত? তোমার মা যেদিন চিরবিদায় নিলেন সেদিনও তোমার কাছে সব থেকে গুরুত্বপূর্ণ ছিল আমার হায়ারসেকেন্ডারির rankএর আড়ালে তোমাদের প্রেস্টিজ । আমার ঠাকুরমার তো একটা জায়গা ছিল আমার মনের মধ্যে? সেখানকার দরজাটাও তো তোমরা বন্ধ করে দিয়েছিলে । আর আজ আমার ক্যারিয়ারের স্বপ্ন দেখাটা দোষের হয়ে গেল?

[সামনের আলো ছোট হয় । পিছন মঞ্চের আলো স্বাভাবিক হতে থাকে]

গান্ধারী ।।   ভগবান, আমি পাণ্ডবদের দোষ দিচ্ছি না, তাদের বিনাশও কামনা করি না । পুত্র শোকে আমার মন একান্তই বিহ্বল। দুর্যোধন, দুঃশাসন, শকুনি আর কর্ণের অপরাধেই কৌরবদের   ক্ষয় হয়েছে । কিন্তু বাসুদেবের সমক্ষেই ভীম

দুর্যোধনের নাভির নিম্ন দেশে গদা প্রহার করেছে, সেই জন্যই আমার ক্রোধ বর্ধিত হয়েছে । যিনি বীর তিনি নিজের প্রাণরক্ষার জন্যও যুদ্ধকালে কী করে ধর্মত্যাগ করতে পারেন?

ভীম ।।   [ভয়ে এবং সংকোচে] দেবী, ধর্ম বা অধর্ম যাই হোক, আমি ভয়ের বসে, আত্মরক্ষার জন্য এমন করেছি, আমায় ক্ষমা করুন। আপনার পুত্রও পূর্বে অধার্মিক উপায়ে আমাদের পরাভূত করেছিলেন, এবং সর্বদাই আমাদের সাথে কপটাচারণ করেছেন । তিনি দ্যূত সভায় পাঞ্চালীকে কি করেছিলেন তা আপনি জানেন, তার চেয়েও কদর্য ছিল সভামধ্যে দ্রৌপদীকে তাঁর বাম উরু প্রদর্শন । সুদীর্ঘকাল আমাদের ক্রোধ জ্বলন্ত অঙ্গারের মত আমাদের অন্তরকে দগ্ধ করেছে মাতঃ, আজ দুর্যোধন যুদ্ধে নিহত হওয়ায় শত্রুতার অবসান ঘটেছে, আমাদের ক্রোধও দূর হয়েছে ।

গান্ধারী ।।   বৃকোদর, তুমি দুঃশাসনের রুধির পান করে অতি গর্হিত, অনার্যোচিত, নিষ্ঠুর কর্ম করেছ সে কথা ভুল না –

ভীম ।।   রক্তপান করা অনুচিত, নিজের রক্তোতো নয়ই । ভ্রাতার রক্ত নিজের রক্তেরই সমান। দুঃশাসনের রক্ত আমার দন্ত আর ওষ্ঠের নিচে নামে নি মাতঃ । শুধু দুই হস্তই রক্তাক্ত হয়েছিল মাত্র

গান্ধারী ।।   তোমার মতো মহাবলীর পক্ষে সেটাও কি যথেষ্ট হীনকর্ম নয় ভীমসেন?

ভীম ।।   দেবী, সভাস্থলে দুঃশাসন যখন দ্রৌপদীর কেশাকর্ষণ করেছিল তখন আমি যা প্রতিজ্ঞা করেছিলাম, তাই আমি ক্ষত্র ধর্মানুসারে পালন করেছি । আপনার পুত্রেরা যখন আমাদের

অবিরত অপদস্থ করত তখন আপনি তাদেরকে সংযত রাখতে পারেন নি, এখন আমাদেরকে একান্ত ভাবে দোষী প্রতিপন্ন করা কি যুক্তি বা ধর্ম সংগত মাতঃ –

গান্ধারী ।।   বৎস, আমাদের শতপুত্রের মধ্যে একটিকেও অবশিষ্ট রাখলে না কেন? সে যে বৃদ্ধ পিতামাতার যষ্টিস্বরূপ হতো । [তীব্র ক্রোধে] কোথায় সেই রাজা যুধিষ্ঠির? আমার এ প্রশ্নের উত্তর তোমাকে প্রদান করতে হবে ধর্মরাজ । একবারও ভাবলে না আমাদের কথা, তোমার রাজনীতির ধর্ম কি তোমায় দয়াহীন করেছে? তোমার রাজ্যে কি নিঃসম্বল বৃদ্ধ পিতামাতার কোন স্থান নেই ধর্মপুত্র?

যুধিষ্ঠির ।।   [সকাতরে] দেবী, আমি আপনার পুত্রহন্তা, অতি নৃশংস যুধিষ্ঠির । আমিই আপনাদের রাজ্যনাশের একমাত্র কারণ । আর্যে আমি মিত্রদ্রোহী, আমি মূঢ়, আমি যখন সুহৃদগণের বিনাশ করেছি তখন আমি পাপী, আমার আর রাজ্য, ধন আর জীবনের কিছুমাত্র প্রয়োজন নেই । আপনি আমায় চরণতলে পিষ্ট করে অভিসম্পাত করুন । আমি আপনার শাপ প্রদানের উপযুক্ত পাত্র ।

[গান্ধারী নীরবে দীর্ঘশ্বাস ফেলতে লাগলেন । যুধিষ্ঠির তাঁকে প্রণাম করবার জন্য নিচু হলে গান্ধারী তাঁর চোখের আবরণের ফাঁক দিয়ে যুধিষ্ঠিরের আঙুল দেখতে পান । তাতে যুধিষ্ঠিরের নখ নষ্ট হয়ে যায়]

যুধিষ্ঠির ।।   [তীব্র যন্ত্রণায়] আঃ – আমার বৃদ্ধাঙ্গুল যেন জ্বলে উঠলো, একি আমার পায়ের নখ নিমেষে নীলাভ হয়ে গেল । মাতঃ, আমি অত্যন্ত ভীত, আপনার আংশিক দৃষ্টিপাত আমার পায়ের এরূপ

দশা করেছে, আপনার ক্রোধানল আমাকে ভস্মীভূত করতে সক্ষম, আমি আপনার পদকমলে নিজেকে সমর্পণ করলাম, আমি আজ অপরাধ বোধে প্রাণ ভিক্ষা চাইতেও অক্ষম ।

[কৃষ্ণ এসে যুধিষ্ঠিরকে শান্ত করে । ব্যাসদেব গান্ধারীকে ধরে বসায় । গান্ধারীর রাগ প্রশমিত হলে, মাতৃ স্নেহে যুধিষ্ঠিরকে কাছে ডাকে]

গান্ধারী ।।   বৎস, তুমি আর দুঃখপ্রকাশ কোরো না । দেখ, আমিও অত্যন্ত শোকাকুল হয়েছি, এখন স্পষ্টই বুঝতে পারছি যে এই লোকক্ষয় কালকৃত ও অবশ্যম্ভাবী । পূর্বে মহামতি বাসুদেব শান্তিস্থাপনের প্রচেষ্টায় সফল না হওয়াতে মহাত্মা বিদুর যা বলেছিলেন তাই সত্য হল । এতদিনে এই দুর্নিবার হত্যাকাণ্ড অতিক্রান্ত হয়েছে অতএব আর শোকপ্রকাশ করে আমরা পরিস্থিতির পরিবর্তন আনতে পারবও না । আর দেখো, তুমি যতটা শোকে আকুল হয়েছ আমিও ততোধিক শোকে কাতর হয়েছি । সুতরাং আমাদের কে আশ্বাসিত করবে? বস্তুত আমারই দোষে এই কুলক্ষয় হল ।

ব্যাস ।।   ব্রহ্মচারিণী পতিপরায়ণা গান্ধারী, আমি তোমার ক্রোধ সংবরণে অত্যন্ত তুষ্ট হয়েছি । আমি তোমায় দিব্যদৃষ্টি প্রদান করছি যার সাহায্যে তুমি এইস্থান থেকেই রণভূমি দেখতে পাবে । অন্যরা আর বিলম্ব না করে যুদ্ধক্ষেত্রের দিকে অগ্রসর হও, আর নিজ নিজ আত্মীয় কুটুম্বের অন্ত্যেষ্টি ক্রিয়ার আয়োজন কর । হে মাধব এবার আমায় আজ্ঞা দাও, আমি আশ্রমের দিকে রওনা হই ।

গান্ধারী ।।   [সম্পূর্ণ বিহ্বল অবস্থায়, কৃষ্ণের হাত ধরে তাকে কাছে থাকতে বলে] কেশব তুমি থাকবে আমার কাছে, তুমি ছাড়া এই মুহূর্তে আর কারো এইখানে থাকবার প্রয়োজন নেই –

[সকলে ব্যাসের উদ্দেশে প্রণাম করে একে একে মঞ্চ ছেড়ে বেরিয়ে যায় । যুধিষ্ঠির ধৃতরাষ্ট্রকে সাথে নিয়ে ধীর পদক্ষেপে মঞ্চ থেকে প্রস্থান করে । গান্ধারী ধীরে ধীরে রঙ্গমের সামনের দিকে এগিয়ে আসে । আলো ছোট হয়, কৃষ্ণ শান্ত ভাবে পেছন থেকে দাঁড়িয়ে গান্ধারীকে লক্ষ করতে থাকে । গান্ধারী তার হাত, শরীর দিয়ে কুরুক্ষেত্রের পরিবেশ উপলব্ধি করবার চেষ্টা করে। পিছনের আলো ক্রমশ ছোট হতে থাকে। সামনের আলো স্বাভাবিক হয়]

গিরিধারী ।।   দাদুসাহেব একটু ঠান্ডা হও এইবার । আমরা কেউ কখনও তোমার ক্ষতি হোক এমন চাহিদা করুম ক্যান । চারপাশের পরিস্থিতি দেখলে তোমাগো মতো ট্যালেন্টেড মাইনষের উপর একটা এক্সপেকটেশান তৈরি হওয়া তো অন্যায় না । তোমরা ছাড়া কে পারবো বদলাইতে? কার উপর আশা রাখুম?

বাবু ।।   গো হেল উইথ ইওর বদলানো । যাক গে এই নিয়ে আর তর্ক বাড়াবো না । তবে একটা ব্যাপারে আই ওয়ান্ট টু মেক ইউ অল ভেরি ক্লিয়ার, আমার ক্যারিয়ার কিন্তু আমি ঠিক করবো – সেখানে আর কারোর ইন্টারফেয়ারেন্স আমি এলাও করবো না । আমার সামনের দিনগুলোর মাইলস্টোন কাউকে ঠিক করতে হবে না – প্লিজ –

অনীতা ।।   তাই কর বাবা, তোর যাতে মন ভাল থাকে তুই তাই করিস । আমরা যা চেয়েছিলাম তার থেকে অনেক বেশিই পেয়েছি, এখন তুই ভাল থাকলেই আমাদের ভাল –

বাবু ।।   ইয়েস আমি যেখানে ভাল থাকবো আমি সেখানেই যাচ্ছি, অন্তত এই গারবেজ থেকে বের হচ্ছি । জেনে কতটা খুশি হবে জানি না – আমার ফার্স্ট পোস্টিং ইজ ইন সিঙ্গাপোর । তার পরের প্রমোশানেই এশিয়া প্যাসিফিক রেজিওনাল হেড ইন সিডনি–

অনীতা ।।   সিঙ্গাপুর?

অমলেন্দু ।।   সিঙ্গাপুর? মানে?

গিরিধারী ।।   মানে তুমি এইখানে থাকবাই না? একদম দ্যাশ ছাইড়া চইল্যা যাইবা?

বাবু ।।   এক্স্যাক্টলি –

গিরিধারী ।।   আরোও পড়ালেখার জন্য বিদেশ গেলে এক কথা ছিল – তার প্রভাব সুদুরপ্রসারী । কিন্তু শুধু শুধু নিজের খরচ সামাল দিবার জন্য বিদেশে চাকরি করণের কি মাহাত্ম্য সেইটা ভাইবা দেকস কি?

বাবু ।।   অনেক – অনেক ভেবে চিন্তেই এই ডিসিশান নিয়েছি ।

অনীতা ।।   কিন্তু তুই তো কোনদিনও বলিস নি যে তুই আমাদের ছেড়ে বিদেশে চলে যাবি? এখানে থাকবিই না?

বাবু ।।   কেন? একটু আগে তো বিদেশ শুনেই ধেইধেই করে গিয়েছিলে মন্দিরামাসি কে বলতে

অনীতা ।।   না – সে তো ভেবেছিলাম মাঝে মধ্যে যাবি । কিন্তু দেশেও তো তুই অনেক ভাল চাকরি পাবি রে বাবু?

বাবু ।।   ড্যাম উইথ ইয়োর দেশের চাকরি মা । আমার পড়াশুনা নিয়ে যেমন তোমরা আমায় কোন কম্প্রোমাইজ করতে দাও নি তেমনি ক্যারিয়ার নিয়ে আমি কোন কম্প্রোমাইজ এক্সেপ্ট করবো না । আর এই ব্যাপারে ইট ইজ মি অনলি মি হু উইল টেক ডিসিশান –

অনীতা ।।   কিন্তু তুই না থাকলে আমাদের কি হবে বাবু?

বাবু ।।   তোমাদের? কেন? তোমাদের আবার কি হবে? যেমন চলছিলে তেমনই চলবে

অনীতা ।।   কী ভাবে চলছে সেটা বুঝিস তুই? তোর বাবা তিন মাসের ওপর প্যারালিসিস হয়ে ঘরে বসা, এরপর মাইনে বন্ধ হয়ে যাবে – তোর দাদু আর কত টানবেন? এই বয়সেও বাইরের কাজ থেকে চিকিৎসার খরচ, আর কতটা সম্ভব একটা পঁচাত্তর বছরের মানুষের পক্ষে? আর তুই বলছিস যেমন চলছিল তেমন চলবে?

বাবু ।।   ওঃ মা – টাকার ফ্লোওটা ঠিক থাকলে যে কোন সার্ভিস কেনা যায় । এটা সলভ করা ইজি – এটা নিয়ে ফালতু টেনশান ক্যোরো না –

অনীতা।।	হ্যাঁ তোর তো অনেক টাকা মাইনের চাকরি – তার থেকে কিছুটা ছুঁড়ে দিলেই তো আমাদের মুখ বন্ধ করা যাবে । খরচ ছাড়া আর তো কিছুই লাগে না আমাদের ।

অমলেন্দু ।।	সব সার্ভিস কেনা যায়? কর্তব্যও তাহলে একটা কমোডিটি? তুই কিনে পাঠিয়ে দিবি তো সিঙ্গাপুর থেকে? তোর সাথে কথাবলাটা কার কাছ থেকে কিনবো রে বাবু? তোর দাদু কার সাথে তর্কে হেরে রোজ গর্বের হাসি হাসবে? কার জন্য ইউ ট্যুবে নতুন রান্নার রেসিপি খুঁজবে তোর মা? এগুলো মধ্যে যে রোজকার বেঁচে থাকার রসদ সেটা কোথায় কিনতে পাব আমরা তা বলতে পারবি?

বাবু ।।	বাবা – ডে'জ আর চেঞ্জড্ । আমাদেরকে সব কিছু আর ফিজিক্যালি করবার প্রয়োজন নেই । পাশাপাশি একটা ভার্চুয়াল ওয়ার্ল্ড তৈরি হয়ে গেছে । এটাই নতুন নর্মাল । প্রথম দিকটায় একটু মানিয়ে নিতে অসুবিধা হবে ঠিকই, কিন্তু কিছু দিনের মধ্যেই ঠিক স্ট্রিমলাইন্ড হয়ে যাবে । এটাই আজকের প্র্যাক্টিক্যাল ওয়ার্ল্ড । এই যে এত ছেলে ইউএসএ, ইউরোপ, কানাডায় থাকে – তারা যেইভাবে চালাচ্ছে আমরাও সেই ভাবে চলবো । চিন্তা কোরো না –

অনীতা ।।	না চিন্তা করবার জন্য কেউ তো আর থাকবে না – কে যেন বলেছিল একা থাকাটা এবার শিখতে শুরু কর – [কেঁদে উঠে]

[আলো ছোট হতে থাকে । চারজন কাছাকাছি আসে, অমলেন্দু মাঝখানে মাথা ঝুঁকিয়ে বসে থাকে, বাবু তার পেছনে একটা ইস্ত্রি

করার টাবিল সোজা ভাবে দাঁড় করায় যাতে সিঁড়িটা তার দিকে থাকে, গিরিধারী আর অনীতা অমলেন্দুর দুইপাশে এসে দাঁড়ায় । আলো খালি এই চারজনকে ধরে]

গিরিধারী ।। তখন চারিদিকে ছিল খালি দুর্দশা আর দুর্দশা । ক্ষুধার জ্বালায় মানুষ মরতাসে । আই আর এইট আমেরিকান চাউল আমাগো মরণের হাত থিকা বাঁচাইল । সেই চাউল যখন রিফিউজি ক্যাম্পে ব্যাচতাম তখন মনের এক কোনায় একখান স্বপ্ন উঁকি দিত । একদিন আমাগো তৈরি জিনিস বহু মাইনষের প্রাণ বাঁচাইবো । আমরা ছাড়া হতদরিদ্র মাইনষের দুঃখ বুঝবো কেডা?

অনীতা ।। আমি জানতাম একটা ভাল চাকরি মানেই তো জীবনের সব । আর তার সাথে থাকবে একটা গাড়ী যাতে করে আমরা একসাথে যাব দীঘা বা শান্তিনিকেতন । শীতের সকালে স্টিয়ারিং থাকবে বাবুর হাতে - রাস্তার ধারে কোন বড় গাছের তলায় চাদর বিছিয়ে পিকনিক করবো লুচি, আলুর দম, দরবেশ আর ফ্লাস্কের কফি দিয়ে, তারপর আবার রাস্তা ধরে ছুট - দুপুরের আগে পৌঁছোতে হবে না?

বাবু ।। [ইস্ত্রি টেবিলের সিঁড়ির এক ধাপ উঠে] লাইফ হবে বিজনেস ক্লাস - সেনাটর লাউঞ্জ - পিলস্নার - সিংগল মল্ট - কাবার্নেত ফ্রাঙ্ক - ক্যাভেয়ার অন ট্যোস্ট - প্রোশ্যুতো ক্রুদো - এস্প্রেসসো - গোদিভা ডার্ক -

গিরিধারী ।। কয়খান নতুন চিন্তা - আর বেশ কিছু প্রডাক্ট । আমাগো পোলার কীর্তি - সারা বিশ্ব মাতাইবো । ছোট থিকা ধাপে ধাপে শ্রীবৃদ্ধি - সাথে বেশ কিছু মানুষ যারা আনন্দে আর গর্বের

সাথে কাম করবো । তারা কেউই কর্মচারী না সকলেই য্যান এক একখান অংশীদার –

অনীতা ।।   একতলা থেকে দোতলায় উত্তরণ । বাবু ওর বৌকে নিয়ে দোতলাতেই থাকবে । সামনে থাকবে একটা খোলা বারান্দা, সেখানে বিকেলের চা হাতে নিয়ে আমরা বউ শ্বাশুড়িতে না হয় একটু পরচর্চাই করলাম –

বাবু ।।   [ইস্ত্রি টেবিলের সিঁড়ির পরের ধাপ উঠে] থার্টি ফিফথ ফ্লোরে দ্যুপ্লে কন্ডমিনিয়াম – ইনফিনিটি পুল – রুফ টপ জগিং ট্র্যাক – স্কোয়াশ কোর্ট – আইরিশ পাব – আউদি কিউ এইট

গিরিধারী ।।   একখান কোম্পানি হইব যেইখানে সকলেই স্বপ্ন দেখার সাহস রাখে । কেউ কাউরে ডরায় না । সবাই ছাতি ফুলাইয়া কাম করে খুউব । আর আশায় বুক বাঁধে যে তাগো পোলাপানরাও এইখানে জীবন কাটাইবো

অনীতা ।।   পুজোয় থাকবো না কলকাতায় – বড্ড ভিড় যে । অক্টোবরে পাহাড় খুব সুন্দর –শুনেছি চূড়াগুলো স্পষ্ট দেখা যায় । ট্রেনে গেলে কিন্তু এসি – আর প্লেন হলে তো মেঘের রাজ্য দিয়ে স্বর্গের পাশের রাস্তা থেকে পাহাড়ের চূড়োয় সোনালি আলোর হোলিখেলা দেখব ।

বাবু ।।   [ইস্ত্রি টেবিলের সিঁড়ির শেষ ধাপ উঠে] বার্বেডোজ ক্রুজ – লিডো – হ্যাপি আওয়ার – চিয়া-আ-আর্স – মাসাজ – হ্যাপি এন্ডিং [হাঁফাতে থাকে আর দুহাত তুলে চিৎকার করে বলতে থাকো] দ্যট্‌স লাইফ – মাই লাইফ – ওয়েটিং ফর মি – আই য্যাম কামিং ট্যু এক্সপ্রেস ইয়ু । আই য্যাম কামিং –

[খুব জোরে জ্যাজ মিউজিক বাজে, আলোর ঝলকানি, বাবু উন্মত্তের মতো দুহাত তুলে মাথা ঝাঁকাতে থাকে । আলো কাটে । ১০ সেকেন্ড নিঃশব্দ । খুব আস্তে অনীতার কান্নার সাথে সাথে আলো বড় হয়, বাবুকে দেখা যায় না, অনীতা ধীরে ধীরে হুইলচেয়ার ধরে মাটিতে বসে পড়ে]

গিরিধারী ।।   কাইন্দ না বৌমা কাইন্দ না – অনেক রাত হইসে । যাও খাওনের বন্দোবস্ত করো

অনীতা ।।   আমরা কি নিয়ে থাকব? বাবু ছাড়া তো আর কিছুই ভাবি নি এতকাল?

গিরিধারী ।।   ক্যান আমরা আমাগো নিয়া থাকুম? আর চেষ্টা করুম কি কৈরা জাইগা থাইকা একলগে স্বপ্ন দেখন যায় । দ্যাখলা না ঘুমাইয়া দেখা স্বপ্নগুলান সব কেমন আলাদা আলাদা । সব নিজেগো প্রয়োজন মিটানোর স্বপ্ন – কারোর স্বপ্নের মধ্যে আর কেউ নাই । আমার স্বপ্নে আছে আমার না পাওয়ার আক্ষেপ – তোমার স্বপ্নে কেবল তোমার সুখী পরিবার – আর দাদুসাহেবের স্বপ্নে শুধু সে একা । সেইখানে আমাগোও প্রবেশ নিষেধ । কাইন্দ না কাইন্দ না । কাইন্দা তুমি তারে ফিরাইতে পারবা না । আমাগো দুঃশাসন তারে রেসের ঘোড়া বানাইয়া এই জায়গায় ঠেইল্যা দিসে । সকলরে হারাইতে গিয়া কখন যে সে দুর্যোধনের মত আকাঙ্খার জঙ্গলে নিজেরেই হারাইয়া ফেলসে সেইটা টের পায় নাই কেউই । কারে দোষ দিবা? তোমরা দুইজনা নিজের বাসনায় অন্ধ ধৃতরাষ্ট্র আর গান্ধারী – আর আমি তো হতভাগ্য পিতামহ । বরং কাইল থিকা চলো বাইরেটা একটু ভাল কৈরা দেখি । দেখি কারোর কোনো

কামে লাগতে পারি কিনা? হয়তো কাউরে পাইবা যারা আমাগো বাঁইচা থাকার কারণ হওনের জন্য চুপ কৈরা অপেক্ষা করতাসে । তাগো নিয়া এক লগে আমগো জাইগা জাইগা স্বপ্ন দেখা শুরু করুম । নাও অনেক ঘুমাইস - এখন ওঠ - অনেক রাত হইসে-

[ঘড়ির টিক টিক শব্দ শুরু হয় । গিরিধারী নিজের কিছু জিনিস গোছায় তারপর অমলেন্দুর হুইলচেয়ার ঠেলে ভেতর দিকে যেতে থাকে, অনীতাও ওঠে – আস্তে আস্তে আলো কাটে । ঘড়ির টিক টিক শব্দ চলতে থাকে । পর্দা নামে ।]

বিরতি

দ্বিতীয় প্রবাহ

[পর্দার সামনে মঞ্চের বাঁ দিকে কৃষ্ণ এবং গান্ধারী দাঁড়িয়ে দূরে তাকিয়ে কথা বলতে থাকে । আলো শুধু দুজনকেই ধরে]

গান্ধারী ।। হে মাধব, এ কী দৃশ্য আমি দেখছি – এ যেন রুদ্রের ক্রীড়াস্থল – দেখ একাদশ অক্ষৌহিণীর অধিপতি দুর্যোধন গদা আলিঙ্গন করে রক্তাক্ত দেহে শুয়ে আছে । আমার পুত্রের মৃত্যুর থেকেও কষ্টকর যে নারীরা তাদের নিহত পতিদের পরিচর্যা করছে । লক্ষণজননী, দুর্যোধনপত্নী মস্তকে করাঘাত করে পতির বুকে পতিত হয়েছে । আমার পতিপুত্রহীনা পুত্রবধূরা আলুলায়িত কেশে রণভূমিতে ধাবিত হচ্ছে । মস্তকহীন দেহ আর দেহহীন মস্তক দেখে অনেকে মূর্ছিত হয়ে পড়ে গেছে । ওই দেখ আমার পুত্র বিকর্ণের তরুণী স্ত্রী মাংসলোভী পশুদের তাড়াবার চেষ্টা করছে কিন্তু পারছে না । হে কৃষ্ণ তুমি কি সকল নারীদের এই নিদারুণ ক্রন্দন শুনতে পাচ্ছো? ওই যে ওই যে একদল শ্বাপদ আমার পুত্র দুর্মুখের মুখমণ্ডলের অর্ধেক ভক্ষণ করেছে – আঃ – এ কী ভয়ঙ্কর তাণ্ডব লীলার সাক্ষী করলে আমায় কেশব । লোকে যাকে অর্জুন বা তোমার চেয়ে দেড়গুণ অধিক শৌর্যশালী বলত সেই অভিমন্যুর দেহ ধূলায়, রক্তে বিকৃতরূপ ধারন করেছে, আর শোকে আকুল হয়ে বিরাট দুহিতা উত্তরা সেই দেহে হাত বুলিয়ে দিচ্ছে আর বিলাপ করছে – ওদের মিলন ছ মাসও অতিক্রম করতে পারেনি কেশব । ওই দেখ মৎস্য রাজের কুলস্ত্রীরা অভাগিনী উত্তরাকে সরিয়ে নিয়ে যাচ্ছে । হায় – কর্ণের স্ত্রী জ্ঞানশূন্য হয়ে ভূতলে পড়ে আছে,

শ্বাপদের দল কর্ণের দেহের অল্পই অবশিষ্ট রেখেছে । ওই যে শকুন আর শৃগালের দল সিন্ধু সৌরবীররাজ জয়দ্রথকে ভক্ষণ করছে, আমার কন্যা দুঃশলা আত্মহত্যার চেষ্টা করছে আর পাণ্ডবদের অভিসম্পাত করছে, ওই দেখ সে তার স্বামীর মস্তক না পেয়ে উন্মাদের মত চারিদিক ছুটে বেড়াচ্ছে । এরা কী অপরাধের শাস্তি পাচ্ছে কেশব? কে করবে এদের শান্ত? ওই দিকে সত্যপ্রতিজ্ঞ মহামতি ভীষ্ম শরশয্যায় শুয়ে আছেন আর এদিকে দ্রোণপত্নী কৃপী শোকে বিহ্বল হয়ে পতির পদসেবা করছে । কৃষ্ণ ওই দেখ, শকুনিকে শকুনের দল বেষ্টন করে আছে । এই দুর্বুদ্ধিও অস্ত্রাঘাতে নিধনের ফলে স্বর্গে যাবে – হে মধুসূদন, তুমি কেন এ যুদ্ধ হতে দিলে, চুপ করে থেকো না জনার্দন, সবই যখন তোমার জ্ঞাত ছিল তাহলে কেন, কেন তুমি এই নির্মম বধ্যভূমি তৈরি হতে দিলে?

কৃষ্ণ ।।   দেবী, হ্যাঁ আপনি ঠিকই বলেছেন, কোনকিছুই আমার অজ্ঞাত ছিল না । কালের পরিপ্রেক্ষিতে আপনার আজকের রণভূমির অভিজ্ঞতা এক লহমা মাত্র, কিন্তু তার প্রভাব ভরতভূমির মানুষদের প্রতি অত্যন্ত সুদূরপ্রসারী । সমগ্র মানবজাতির প্রয়োজনেই আজকের এই ভয়াভয় পরস্থিতি আমি হতে দিয়েছি । আপনার সন্তানেরা সব রাজ্যভোগে উন্মত্ত ছিল কিন্তু কেউই রাজ্যভার বহন করার উপযুক্ত ছিল না । আপনার স্বামী আর্যাবর্তকে তাঁর পরিবারের মধ্যে সীমাবদ্ধ রেখেছিলেন । তাঁর একান্ত কাছের জ্ঞাতিদেরও সেই সীমা অতিক্রম করতে দেন নি । আপনাদের পুত্র ব্যতীত আর কারোর স্বাচ্ছন্দ্য তাঁর মনযোগ আকর্ষণ করতে পারে নি । দেবী, আর্যাবর্তের প্রয়োজন সেই রাজার যিনি রাজধর্ম পালনে সক্ষম, সেই ব্যক্তির যিনি প্রজা স্বাচ্ছন্দ্যকে নিজের উচ্চাকাঙ্ক্ষার

চেয়ে অনেক উচ্চতর জায়গায় স্থান দেবেন, সেই ব্যক্তিত্ব যিনি লোভ ও ক্রোধের উর্ধে গিয়ে লোকসংস্কারকে অগ্রাধিকার দেবেন । আর্যাবর্তের দায়িত্ব যাতে সঠিক হস্তে প্রদত্ত হয়, এই বদ্ধভূমি তারই প্রয়াস মাত্র – এই বধ্যভূমি থেকেই হবে শান্তির সৃষ্টি – আর শান্তি বিঘ্নিত হলে বারে বারে তৈরি হবে এই বধ্যভূমি – কালের তরঙ্গে অবিরাম চলতে থাকবে সৃষ্টি আর বিনাশের এই নৃত্য । আজ যেমন চলেছে, এ নৃত্য নিরন্তর চলতেই থাকবে জীবনের রঙ্গমঞ্চে ।

[পর্দা ওঠে । রস্ট্রামটি খালি থাকবে । সামনের মঞ্চ একটা অফিস ঘরে রূপান্তরিত হয়েছে। মাঝে একটা টেবিল, তার সামনে দুটো চেয়ার মুখোমুখি বসানো, একটা চেয়ারে বছর ৯/১০ এর ছেলে মুকুল অর্ধ চৈতন্য অবস্থায় বসে থাকে। টেবিলে কিছু ফাইল, কাগজ, জলের বোতল, একটা ফ্লাস্ক। পাশে একটা বুক শেলফ । খালি উপরের স্পটের আলোয় ধরা ডঃ হাজরা, মাঝবয়সী, একটা ছোট টর্চ দিয়ে মুকুলকে হিপ্নোটাইজ করার চেষ্টা করছে । মন্দার বোস দাঁড়িয়ে আলোর পেছনে, অস্পষ্ট ভাবে তাকে দেখা যায় ।]

ডঃ হাজরা ।।   মুকুল – মুকুল, আলোটার দিকে তাকাও, এই আলোটার দিকে। ডান দিক বাঁ দিক । ডান - বাঁ - লেফট - রাইট - লেফট - রাইট । কি? ঘুম ঘুম পাচ্ছে? হালকা ঘুম? তুমি কিন্তু জেগে আছো । ঘুমের মধ্যেই জেগে আছো । এবার মন দিয়ে শোন - এক মন দিয়ে, অন্য কিছু ভাববে না, কোনো কিছু ভাববে না, শুধু আমার কথা শোন মুকুল, সোনার কেল্লা – সোনার কেল্লা – খুব শান্ত ভাবে ভাবতে থাকো মুকুল – মনে করতে থাকো – কোনো সোনার কেল্লার কথা মনে পড়ছে মুকুল? আবছা আবছা মনে

পড়ছে? ভাবতে থাকো শুধু এক মনে ভাবতে থাকো – কোথাও যেন মন না যায় মুকুল ।

[টিক্ টিক্ করে ঘড়ির আওয়াজ হতে থাকে । চারিদিক শান্ত। অন্ধকার মধ্যে শুধু একটা ছোট সাদা টর্চের আলো ডান দিক বাঁ দিক দুলতে থাকে । মুকুল চেয়ারে সম্মোহিত অবস্থায় বসা । ডঃ হাজরা মুকুলের মুখে আলো দোলাতে থাকে । তাদের পিছন থেকে অন্ধকারের মধ্যে দিয়ে মন্দার বোস সামনের দিকে এগিয়ে আসে।]

মন্দার ।। এই এক এক্সারসাইজ লাস্ট দুই জেনারেশান ধরে চলছে। কোনো রেজাল্ট নেই। আমাদের দুজনের বাবারা কোনো এক মুকুলকে নিয়ে যাত্রা শুরু করেছিলো জয়শালমীরের সোনার কেল্লায় গুপ্তধন পাবে বলে । তা গুপ্তধন পাবার বদলে পেয়েছিল সাত বছরের জেলের ঘানি । তারপর আর বিশেষ কিছু করার অবকাশ পাননি দুজনেই । কেবল আমাদের তাদের গুপ্ত বিদ্যার দীক্ষাটা দেওয়া ছাড়া । উনি পেলেন সম্মোহনীবিদ্যা আর আমি পেলাম ছেলে ভোলানোর কৌশল । যাবার আগে বলে গেলেন মিশন ফেল হলেও এ্যবর্ট হয়নি । আমাদের কাছে রয়ে গেল তাঁদের ফেলে রাখা কাজকে পূরণ করার ভার । কারেক্ট মুকুলকে খুঁজে তার মগজের এক্কেবারে গভীর গহ্বর থেকে বার করে আনতে হবে তার পূর্ব জন্মের গুপ্তধনের ঠিকানা । ইয়েস ম্যাডাম্‌স এন্ড স্যারস্‌ ঠিক ধরেছেন আমরা হলাম দুই জেনারেশানের পার্টনার । আমি মন্দার বোস দ্য টু আর উনি ডঃ হাজরা দ্য সেকেন্ড । বংশ পরম্পরায় একই নাম আর একই প্রফেশান । হেনরীরা যদি আট নম্বর অবধি যেতে পারে তাহলে আমাদের দুই অবধি যেতে বাধা কোথায় ? ধান্দার সাথে নামের বেশ একটা সামঞ্জস্যও থাকে ।

কোয়েসচেন? ইয়েস একটা স্বাভাবিক প্রশ্ন এসেই যায় যে মুকুলও জেনেটিক্যালি কানেকটেড কিনা? ধ্যাৎ অত সিঙ্ক্রোনাইজেশান হয় নাকী? মুকুল তো একটা ক্যারেক্টার মাত্র । ওই বয়সের ছেলেদের মাথাটা বেশ পরিস্কার থাকে । সেম সাইজের এক একজনকে তুলে এনে মগজের ভেতর উঁকি মেরে দেখে নেওয়া যে আগের জন্মের রেসিড্যুতে কোনো ট্রেশার কানেকশান আছে কিনা? আমার কাজ ছেলে তোলা আর ডঃ হাজরার কাজ মগজে ঢোকা, এখন যেটা ওখানে চলছে ।

[বলতে বলতে মন্দার বোসের মোবাইল বেজে ওঠে । তাড়াতাড়ি বন্ধ করে]

ডঃ হাজরা।।   [চিৎকার করে] বার বার বলেছি আমার কাজের সময় ওই যন্ত্রখানা বন্ধ থাকবে, আমি কোনো কল ধরবো না, আর তার জন্যই তোমায় দিলাম টু সুইচ ইট অফ । একটা সামান্য ইন্সট্রাকশান ফলো করতে পারো না, ভ্যাকেন্ট স্কাল একেবারে । একটা থার্ড ক্লাস, গান্ডুট। দিলে কনসেন্ট্রেশান্টা ব্রেক করে । পুরো দেড় ঘণ্টার এফফোর্টটা জলে গেল । ও: সবে সাবক্লাস লেভেলে ঢোকা শুরু করেছিলাম – বেসিক নিয়মগুলোও মনে রাখতে পারো না । খোকা আমাদের ঘুমিয়ে পড়লো । নাও এখন বসে থাকো ঘণ্টা খানেক । এইদিকে তোমার কিডন্যাপের খবরটা না বাজারে ছড়িয়ে যায় -

মন্দার ।।   ঘাবড়াবেন না স্যার ফালতু ফালতু ঘাবড়াবেন না । আমাদের এই মুকুল বাবাজীকে স্কুল থেকে তুলে এনেছি । হাতে বিস্তর টাইম । এখন তো সবে এগারোটা, স্কুল ছুটি হতে

সেই চারটে – নো চাপ দাদা । একটা ব্রেক নিয়ে আবার শুরু করুন না তারা কীসের?

ডঃ হাজরা।।   বেশি ফ্যাচ ফ্যাচ করো না । তারা কি আর সাধে করি? শালা এই নিয়ে খান বিশেক মুকুলকে নিয়ে ট্রাই করলাম স্টিল নো রেজাল্ট । আমরা তো আর তিনশো বছরের আয়ু নিয়ে আসিনি যে কিইপ অন ট্রাইং মোড এর সিল্ভার জুবিলি পালন করবো? বছরে কটা কেস পাওয়া যায় শুনি? দুটো কি তিনটে? ঠিক বয়স, দেহ, মনের গঠন সব ম্যাচ করিয়ে সাবজেক্ট পাওয়া কি তোমার ওই অ্যামাজন এর অর্ডার দেওয়া নাকি? তার ওপর তোমার ছেলে পটানোর স্কিল তো ক্রমাগত কমতে কমতে এখন একটা রিস্কি পর্যায় এসে পৌঁছেছে । বাপের মতো হাতের কিছু ম্যাজিক চালাতে পারলে কিছুটা সহজ হতো । তোমার তো খালি ভোকাল কর্ড ভরসা, খালি বুকনি দিয়ে কি আজকাল ছেলে তোলা যায় নাকি?

মন্দার ।।   ওরকম বলবেন না মাইরি। হ্যাঁ সরি, সরি বলছি মোবাইলের জন্য । আচমকা বেজে উঠলো । তবে একটু আওয়াজেই যদি আপনার মন্ত্র ফেল করে, তার দায় আমার ওপর চালালে চলবে কি করে স্যার । লাস্ট দু জেনারেশান ধরে সেই "মুকুল মুকুল সোনার কেল্লা দেখতে পাচ্ছ" বলে আওড়ে যাচ্ছেন, তাতে আর কতকাল কাজ দেবে য্যাঁ? সো ব্যাকডেটেড!

ডঃ হাজরা।।   কি বলতে চাইছো তুমি?

মন্দার ।।   আরে দাদা আজকালকার বাচ্চারা কেউ সোনার কেল্লা জানে নাকি? দিল্লী বোর্ডের সিলেবাসে আছে? কোনোও ওয়েব

সিরিজ হয়? এরা সব হগওয়ার্ট জেনারেশান – সবকিছু বদলালেও, শুধু আপনারই কোনো আপডেট হলো না । সেই ফার্স্ট জেনারেশান ফর্মুলা ঝেড়ে যাচ্ছেন, কোনো পেনেট্রেশানই নেই । দ্যটস্ হওয়াই নো সাকসেস । আর কতকাল এই বেকার খেটে যাব কে জানে?

ডঃ হাজরা।।   এ কাজের রিস্ক সম্বন্ধে কোন আইডিয়া আছে তোমার?

মন্দার ।।   আপনার আর কিসের রিস্ক? সেই বাপের আমল থেকে পাব্লিকের রিস্ক তো এই বোস ফ্যামিলির । ছেলে তুলে এনে ফেরত পাঠানো আজকের সিসিটিভির জমানায় কতটা রিস্কি সেটার কোনো আইডিয়া আছে কি? একটু মোবাইল বাজলেই রেগে টং হচ্ছেন, আরে কেস খেলে তো আগে আমার ধোলাই হবে, পরে না হয় আপনি মামলায় ঝুলবেন ।

ডঃ হাজরা।।   মিস্টার গবেট, মাস্ল পাওয়ার আর মাইন্ড পাওয়ারকে এক ভেবে গুলিয়ে ফেলো না । রিস্ক যেমন আছে রিওয়ার্ডও তো ৫০-৫০ নাকি? কাজের ওজনে তো তোমার ভাগে ১০%ও হয় না । দুই জেনারেশানের কোলাবরেশানটা আজকের ডেটেও মেন্টেইন করছি সেটা মনে রেখো ।

মন্দার ।।   আমি কি তাতে কোন আপত্তি জানিয়েছি?

ডঃ হাজরা।।   আপত্তি করার কোন অপশান আছে নাকি তোমার? আমার কিন্তু আছে । বাজারে প্রচুর বাউগার কোভিড জমানার পর বেকার ঘুরে বেড়াচ্ছে । একটা নমিনাল চার্জ দিলে তোমার রিপ্লেসমেন্ট পাওয়া কিস্যু না ইন টুডেজ টাইম । আমার মেজাজ খারাপ করিও না, সময় মেপে চলতে গেলে অনেক কিছুই

বদলাতে হয়, তুমিও তার বাইরে নও । এটা যেন আর মনে করাতে না হয়, স্টুপিড ।

মন্দার।। লে হালুয়া, অত খচে যাবার মত কি বললুম । আরে মহায় আমি কি আর অত ভেবে কথা বলি যে সবটাই সিরিয়াসলি নেবেন? ফিল্টার করে নিন না মাইরি । যান যান মগজে একটু ধোঁয়া দিয়ে আবার জোর কদমে লেগে পড়ুন তো, দেখুন মুকুলবাবুর মগজের মধ্যে কি ঘুমিয়ে আছে ।

ডঃ হাজরা।। আগে মোবাইলটা অফ্ করো বুরবক ।

মন্দার।। এই যাঃ, দেখলে গপ্পো করতে করতে আসল কাজটাই তো বেমালুম ভুলে গিয়েছিলুম । মেনে নিচ্ছি আজকাল মগজের ক্ষমতাটা একটু নিম্নগামী ।

ডঃ হাজরা।। মগজ তোমার কবে কাজ করার সুযোগ পেলো? সব চিন্তা ভাবনা তো মধ্যপ্রদেশেই আটকে যায়।

মন্দার।। হলো না, অর্ধেক বললেন।

ডঃ হাজরা।। অর্ধেক? মানে?

মন্দার ।। মধ্যপ্রদেশ আর তার নিচেই কন্যাকুমারিকা । এই দু জায়গাতেই শুধু আমার মস্তিষ্কের বিচরণ । এর উপরে আর উঠতেই পারলাম না।

ডঃ হাজরা।। কী বললে? কী? কন্যা-কুমারি-কা? য়্যাঁ – হ্যা – হ্যা – হ্যা ।

মন্দার ।। খ্যা – খ্যা – খ্যা –

ডঃ হাজরা।।   কন্যা-কুমারী? ওঃ হো – হো – হো । নাঃ বহু দিন পর এরকম হাসলাম হে । ওঃ – দাও তো তোমার জলের বোতলটা একটু দাও দেখি? গলা শুকিয়ে গেল ।

মন্দার ।।   আমার? জলের বোতল? সে তো লাস্ট এক বছর হলো ছেড়ে দিয়েছি ।

ডঃ হাজরা।।   সে কি? জল খাওয়া ছেড়ে দিয়েছ? তুমি কি উঁট?

মন্দার ।।   নো স্যার, আজকাল একদম নীইইট্‌ ঢালি, সরাসরি গলায়, নো ডাইলিউশান – হুঃ – হুঃ – হুঃ

ডঃ হাজরা।।   উঃ হু –হু –হু –

[দুজনেই হাঁটু মুড়ে খুব হাসতে থাকে। হঠাৎ গম্ভীর হয়ে]

নাঃ ডিস্ট্র্যাক্টেড হয়ে যাচ্ছি। চুপ করো, একদম চুপ । সাইলেন্স । কনসেনট্রেট করো । উঃ বলে কিনা মধ্যপ্রদেশে নীইট ঢেলে কন্যা-কুমারী অভিযান – বাপ্‌রে বাপ – তোমাকে তো অনেক কাল্‌টিভেট করা বাকি আছে দেখছি হে –

মন্দার ।।   আমি সিম্পল লাইফে বিশ্বাস করি সাহেব । নো ননসেন্স, অনলি সেন্স, একদম সেন্সেশানাল ফিলজফি, শুধুমাত্র সেন্স ড্রিভেন বলে অন্য যে কোনো বিষয়ে সেন্সিটিভিটি বিশেষ একটা নেই বললেই চলে, হ্যাঃ-হ্যাঃ-

ডঃ হাজরা।।   উঃ বেড়ে গুছিয়ে বললে তো? তা সেন্স মেটানোর রেস্ত আসে কীভাবে শুনি? কোনো কাজেই তো ফিট করো বলে মনে হয় না ।

মন্দার ।।   তার জন্য তো আপনারা আছেন স্যার । আপনাদের মতো খান কয়েক গুণীজনদের সেবা করে যা পাই তাতেই আমার সামান্য প্রয়োজন মিটে যায় ।

ডঃ হাজরা ।।   তা সেই সামান্যর পরিধিটার একটা আইডিয়া পাওয়া যেতে পারে কি মিঃ বোউস?

মন্দার ।।   লজ্জা দিচ্ছেন কেন বস? আপনাদের লাইফ স্টাইলের সাথে তুলনা করাটা ধৃষ্টতা হয়ে যাবে না?

ডঃ হাজরা ।।   উ-উ-উঃ বিনয়ের দশাবতার -

মন্দার ।।   ওই যা মানি পাই তাতে রেগুলার একটু দানাপানি আর মাঝে-এ-মধ্যে এই এক আধ বার হানি জুটে যায়। এই আর কি । আমি অল্পেই তুষ্ট স্যার।

ডঃ হাজরা ।।   সাধক মানুষ একেবারে –

মন্দার ।।   যা বলবেন, পেটের জন্য একটা তন্দুরি মুর্গ, গলা ভেজানোর জন্য এক কমন্ডুল কারণ, আর প্রবচন শোনানোর জন্য যে কোনো জাতি প্রজাতির এক পিস সুন্দরী । ব্যস, এই সামান্যটুকু পেলেই মন্দার বোসের ভুঁড়ি, মুড়ি আর নুরি সব তুষ্ট। হ্হী – হ্হী – হ্হী –

ডঃ হাজরা ।।   যা বলেছিলাম - সাধক পুরুষ – একদম বাবা বামাবতার ।

মন্দার ।।   য়্যাঁ নাম দিয়ে ফেললেন নাকি? নট ব্যাড্, ভবানন্দের লেটেস্ট ভারশান? বাবা বামাবতার? – তবে মিনিংফুল কিছু একটা হলে ভালো হতো না?

ডঃ হাজরা।।   যথেষ্টই মিনিংফুল –

মন্দার ।।   বামন অবতার শুনেছি বামাবতারের কোন রেফারেন্স পাই নি তো? বামপন্থী কোন অবতার আছে নাকি? রাশিয়ান না চৈনিক নাকি উত্তর কোরিয়া?

ডঃ হাজরা ।।   তুমিই এর প্রথম রেফারেন্স এক্কেবারে স্বদেশী – কোন ডান, বাঁ নয় শুধু মাত্র মধ্য পদে বিশ্বাসী বামার অবতার ওঃ হো-হো-হো – নাঃ আজ বড্ড বেশি হেসে ফেলছি দেখছি । মুড একদম ওভারফ্লো করে যাচ্ছে -

[দুজনেই হাসি চাপতে চাপতে স্বাভাবিক হয়।]

মন্দার ।।   আমি কিন্তু অলরেডি সিরিয়াস মোড-এ চলে এসেছি

ডঃ হাজরা ।।   নাঃ আজ কিছু হলে হয় । বড্ড বেশি বকেও ফেলছি। নাও কন্‌সেন্ট্রেট, তিন বার ডী-ই-প ব্রেথ ।

[দুজনেই তিনবার জোরে নিঃশ্বাস নিয়ে মুকুলের কাছে যায়। মুকুল আধশোয়া অবস্থায় থাকে]

নাও আবার স্টার্ট করা যাক। কিন্তু এ তো একেবারে ঘুমে কাদা। এস দেখি আস্তে করে বসাও তো? দেখ যেন জেগে না ওঠে ।

মন্দার ।।   ভাববেন না একদম, এই সব কাজে আমি একদম বয়েল্‌ড্‌ হ্যান্ড যাকে বলে সিদ্ধহস্ত । এর ডেলিকেসি আমি বুঝি

[মুকুলকে আস্তে আস্তে ধরে তুলে বসায়, মুকুল অস্ফুট একটা আওয়াজ করে]

ডঃ হাজরা।।   আরে ভাই আস্তে। সব কিছু হাত দিয়ে হয় নাকি? মাঝে মধ্যে মাথাটাও কাজে লাগাতে লাগে । ও: তোমার তো উপরের পুরোটাই অন্য স্থানের জন্য রিজার্ভড – হুঃ হুঃ হুঃ

মন্দার ।।   আমি কিন্তু অনেক্ষণ সিরিয়াস ডঃ হাজরা – এবার থেকে ডিলে কিন্তু আপনার এ্যাকাউন্টে । টাইম লসের জন্য আর আমাকে দায়ি করবেন না প্লিজ। আচ্ছা দিন দেখি টর্চটা, আমি ট্রাই করে দেখি । ততক্ষণে আপনি আর একটু সেটেল্ হয়ে নিন ।

ডঃ হাজরা।।   থাক থাক, আমার ওই উপকারটুকু না করলেও চলবে । হুঁ উনি করবেন সাবজেক্ট ডায়লগ । এরপর কি এস্ট্রাল প্রজেকশানের এর ধান্দা ফাঁদবে নাকি? হ্যাঃ । কুঁজোর সাধ হয় চিৎ হয়ে শুতে – তাই গামছার সাধ হলো ধোপাবাড়ি যেতে ।

মন্দার ।।   আজ্ঞে না স্যার, আমার কোনো সাধ হয় নি ধোপা বাড়ি যাবার । শুধু আপনাকে একটু চিৎ হয়ে শুতে দেখার ইচ্ছে ছিল । নিন সাবজেক্ট ইজ রেডি, এবার আপনার ছু-উ-মন্তর ডায়লগ শুরু করুন ।

ডঃ হাজরা।।   ভায়া এ বিদ্যে তোমার জন্য না । অনেক সাধনা, অনেক ধৈর্য লাগে একে বাগে আনতে । গভীর ঘুমটা আনকন্সাস জোন, সেখানে না কাজ করে মেমরি না কাজ করে আইডেন্টিটি । যদিও জেগে উঠি একদম কন্সাস লেভেলএ । তার মানে গভীর ঘুমটা একটা ডীইপেস্ট লেভেল অফ কন্সাসনেস, যেখানে নর্মালি এক্সেস পাওয়া যায় না, আর আন-কন্সাস হয়ে

রইলে আর ফেরার উপায় নেই – ক্রমে ক্রমে মৃত্যুর দিকে চলে যায় । আর স্বপ্ন হচ্ছে একটা মাঝামাঝি স্তর যেখানে আইডেন্টিটি, মেমরি দুটোই কাজ করে, ইভ্ন ইন্টেলেক্টও এনগেজ্ড থাকে তবে আন-সিন্ক্রোনাইজ্ড. তাই স্বপ্নের সাবজেক্টের কোনো অবজেক্টিভ থাকে না । স্যো মোস্টলি, ড্রিজ-অর্গানআইজ্ড । এখানকার মেমরি সব পারিপার্শিক ঘটনা মাত্র – যা দেখে সেটাই ভাবে । আর আমাদের কাজ সেই মেমরিটা যার অবস্থান সাবক্লাস আর আন্ ক্লাস এর মাঝখানে । খুব ডেলিকেট সেইখানে পৌঁছানো । পাস্ট লাইফ ডেটা এখানে গেলে পাওয়া যেতে পারে । খুব কঠিন, বাট পসিবল । প্রচুর রেফারেন্স আছে তবে কোনো প্রোটোকল নেই, যে যার মতো করে ট্রায়াল দেয় – তাই একে বিজ্ঞান বলে মানা হয় না।

মন্দার ।।   [হাত তালি দিয়ে] দারুণ একখানা লেকচার দিলেন দাদা । ওঃ একদম আন্তর্জাতিক মানের । ভেরি ওয়েল প্লেস্ড ওপিনিঅন । যাই হোক আবার শুরু করা যাক – আমাদের সাবজেক্ট ইজ ইওরস্ ডঃ হাজরা । [মুকুলের দিকে হাত দেখায়]

ডঃ হাজরা ।।   [মুকুলের কাছে যায়, মুখে টর্চের আলো ফেলে] মুকুল – রিল্যাক্স একদম রিল্যাক্স করো। তুমি ঘুমাচ্ছো – ডিপ স্লিপ্ একদম ডিপ স্লিপ – 10-9-8- স্লিপ -7-6-5- গো ট্য স্লিপ -4-3-2- ডীইপ স্লিপ -1 – তুমি এখন ঘুমাচ্ছো মুকুল । গভীর ঘুমের মধ্যে আছো তুমি । আমার কথা কিছু শুনতে পাচ্ছো?

মুকুল ।।   [অস্ফুট স্বরে] শুনতে পাচ্ছি –

ডঃ হাজরা ।।   শুনতে পাচ্ছো আমায়, মুকুল?

মুকুল ।।   হ্যাঁ – শুনতে পাচ্ছি –

ডঃ হাজরা ।।   তুমি ঘুমাচ্ছো মুকুল?

মুকুল ।।   হ্যাঁ আমি ঘুমিয়ে আছি আর এক জায়গায় যাচ্ছি –

ডঃ হাজরা ।।   [মন্দার বোসকে গলার স্বর নামিয়ে] নোট করো, নোট করো কুইক্ । কোথায় যাচ্ছ মুকুল? কোথায় যাচ্ছ তুমি?

মুকুল ।।   আমাদের বড় ঝিলের ধারে খেলার মাঠে – যেখানে আমার সব বন্ধুরা আমার জন্য অপেক্ষা করছে

মন্দার ।।   যাচ্চলে খোকা যে খেলতে নেমে পড়ল, আটকান–

ডঃ হাজরা ।।   খেলার মাঠে কেন মুকুল? বিকেল হতে যে এখনো ঢের দেরি – তুমি বাড়িতে যাও এখন কেমন? তুমি তো গুড বয়, গুড বয়রা দুপুরে বাড়ির বাইরে বের হয় নাকি? যাও এখন বাড়ি যাও মুকুল –

মুকুল ।।   আচ্ছা তাহলে বিকেল হলে মাঠে যাব কিন্তু –

ডঃ হাজরা ।।   ভেরি গুড বয় তুমি মুকুল । তা তোমার বাড়ি কোথায়? কীভাবে যায়?

মুকুল ।।   পাহাড়ের গায়ে, ঝিলের পাশ দিয়ে বড় রাস্তা দিয়ে যায় আমাদের প্রাসাদে ।

ডঃ হাজরা ।।   প্রাসাদ? কাদের প্রাসাদের কথা বলছো মুকুল?

মুকুল ।।   আমাদের প্রাসাদ । আমার বাবা তো এখানকার রাজা । অনেক বড় প্রাসাদ, অনেক লোক সেখানে, আর আমার অনেক বন্ধু –

ডঃ হাজরা।।   সেই প্রাসাদে আর কী কী আছে মুকুল?

মুকুল ।।   অনেক – অনেক কিছু আছে। ঘোড়া আছে, গাড়ি আছে, বন্দুক, কামান, সৈন্য, তরোয়াল । অনেক লোক – অনেক প্রজা – অনেক বন্ধু –

মন্দার ।।   আরেঃ ব্বাস্ – জ্যাকপট । টেনশান হচ্ছে মাইরি ।

ডঃ হাজরা।।   চু উ উ উ প্ – রাস্কেল কোথাকার

মন্দার ।।   থুড়ি, থুড়ি, স্যরি । এক্সট্রিমলি স্যরি ।

ডঃ হাজরা।।   কোথাকার রাজা মুকুল? কোন জায়গা এটা?

[মুকুল চুপ করে থাকে]

মুকুল – শুনতে পাচ্ছো মুকুল?

মুকুল ।।   হ্যাঁ – শুনতে পাচ্ছি –

ডঃ হাজরা।।   কোথাকার রাজা তোমার বাবা মুকুল? কোনো দেশ? কোনো রাজ্য?

মুকুল ।।   পাহাড়ি রাজ্য – চারিদিকে খুব উঁচু খুব বড় বড় পাহাড় সব –

ডঃ হাজরা।।   সে জায়গার নাম কি মুকুল? নাম? মনে পড়ছে?

মুকুল ।।   নাম – নাম – নাম হলো –

ডঃ হাজরা।।   হ্যাঁ মনে করার চেষ্টা করো – এক মনে ভাবো মুকুল, তোমাদের দেশের নাম – কি? মনে পড়ছে মুকুল?

মুকুল ।।   উঁ – উঁ – পো – পো – পোখারা –

ডঃ হাজরা।।   কি? পোখ্‌রান?

মন্দার ।।   কি গেড়ো? আবার রাজস্থান? সেই উঁট? কিন্তু পোগরানে পাহাড় কোথায় বাওয়া? ম্যাক্সিমাম বালির ঢিবি ।

ডঃ হাজরা।।   পোখ্‌রান মুকুল? একটু ভেবে বল?

মুকুল ।।   পোখারা – পোখারা ।

ডঃ হাজরা।।   পোখ্‌রান না পোখারা?

মন্দার ।।   কি বললো পোখারা? তার মানে নেপাল – মিলে যাচ্ছে । পাহাড়ের সাথে ম্যাচিং – ফ্যান্টাস্টিক – আপনি তো জিপিএস হাতে নিয়ে এগোচ্ছেন একেবারে–

ডঃ হাজরা।।   পোখারা মুকুল? নেপালের পোখারা?

মুকুল ।।   হ্যাঁ – সেখানে আমাদের প্রাসাদ, আমাদের রাজ্য –

ডঃ হাজরা।।   সেখানে কী কী আছে মুকুল?

মুকুল ।।   অনেক ঘর, অনেক অনেক জিনিস, নানা রকমের খুব সুন্দর সুন্দর সব জিনিস । ভীষণ সুন্দর হাতির দাঁতের

সব স্ট্যাচুগুলো । বুদ্ধ – হরিণ – হাতি – সব হাতির দাঁত দিয়ে তৈরি

মন্দার ।।   আইভরি – আইভরি –

ডঃ হাজরা।।   আর কী কী আছে মুকুল? ভাল করে ভেবে বলো – মন দিয়ে ভাবো –

মুকুল ।।   অনেক কিছু আছে সেই বাড়িতে, দেওয়াল জুড়ে বড় বড় ছবি, আর আমার আঁকা অনেক ছবি – আমি ছবি আঁকতে খুব ভালবাসি ।

মন্দার ।।   সেরেছে – এ যে আর্ট এ শিফ্‌ট্‌ করছে । ডিরেকশান চেঞ্জ করান তাড়াতাড়ি ।

ডঃ হাজরা।।   ছবি আঁকতে তোমার ভাল লাগে মুকুল? সব্বাই তোমার ছবির খুব প্রশংসা করে বুঝি?

মুকুল ।।   আমি নিজে নিজেই আঁকি, খুব ভালো লাগে

ডঃ হাজরা।।   বাঃ বাঃ । কিন্তু ছবি কেন? তোমাদের তো আরও অনেক জিনিস আছে, তুমি সেগুলোর কথা বলো মুকুল ।

মুকুল ।।   হ্যাঁ – আছে তো । অনেক সুন্দর সুন্দর মূর্তি আছে – পাথরের মূর্তি – হাতির দাঁতের মূর্তি – সাদা মূর্তি – হলুদ মূর্তি সেগুলোতে নানান রঙের পাথর বসানো । আমি খেলি তো ওদের সাথে ।

ডঃ হাজরা।।   বাঃ বাঃ – এইতো কত সুন্দর সব মনে পড়ে যাচ্ছে – আরও ভেবে বলো যা যা আছে সব মনে করার চেষ্টা

করো – তুমি পারবে মনে করতে – পারবে তুমি – শুধু এক মন দিয়ে ভেবে যাও মুকুল – কি কি আছে আর?

মুকুল ।। আছে – নিচের ঘরে – নিচের ঘরে ভর্তি সব সুন্দর সুন্দর জিনিষ । সিঁড়ি দিয়ে মাটির নিচে নেমে যেতে হয় সেই ঘরে–

মন্দার ।। আরিব্বাস! বেস্‌মেন্ট – আর একটু এগিয়ে যাও তো খোকা –

ডঃ হাজরা।। সেই ঘরে কী কী আছে মুকুল?

মুকুল ।। অনেক – অনেক রকম জিনিস আছে সেই ঘরে – অনেক স্ট্যাচু – অনেক গয়না – মাথার মুকুট – গলার হার – আরও অনেক রকমের গয়না – নাম জানি না – তারপর – তারপর

ডঃ হাজরা।। তারপর – তারপর – বলো বলো – যা যা আছে সব মনে করে বলো –

মুকুল ।। আর সেই ঘরে অনেকগুলো বাক্স আছে – পর পর রাখা – তার মধ্যে ভর্তি সব নানা রঙের পাথর বসানো হলুদ বাসন – খুব ভারী সেইগুলো –

ডঃ হাজরা।। খালি বাসন না অন্য কিছুও আছে –

মুকুল ।। অনেক কটা বাক্সে পাথর ভর্তি । নানা রঙের শুধু পাথর – নীল – সবুজ – অরেঞ্জ – হলুদ – লাল – আর আর সাদা, ওগুলো খুব চক্‌চক্‌ করে ।

মন্দার ।। গুপ্তধন, গুপ্তধনের কথা বলছে । ওঃ টেনশানে ঘেমে উঠছি – উচ্চচাপ? আমার আবার বি পির প্রবলেম আছে দাদা ।

ডঃ হাজরা।। তা মুকুল কতগুলো – কতগুলো বাক্স আছে সেখানে?

মুকুল ।। অনেক – অনেকগুলো বাক্স – তবে সব একরকমের । আমার ভালো লাগে না, একবার দেখলেই পুরনো হয়ে যায় ।

ডঃ হাজরা।। কি ভালো লাগে তোমার মুকুল? হলুদ চকচকে স্ট্যাচুগুলো?

মন্দার।। অনেক অনেক হলুদ স্ট্যাচু – কী মজা – তাই না?

মুকুল।। ধুর – ওগুলোও তো একবার দেখলে পুরনো হয়ে যায় – বোরিং –

ডঃ হাজরা।। তাহলে নতুন নতুন আর কী আছে সেখানে? মোহর – সোনার কয়েন – বড় বড় কয়েন?

মন্দার ।। রূপোর বাট? হীরে জহরত

ডঃ হাজরা।। মনি মানিক? চুনী পান্না? বলো বলো – আর কী কী আছে সেখানে সব বলে ফেলো মুকুল ।

মন্দার ।। আমি কেঁদে ফেলবো এবার – আর চাপ সামলাতে পারছি না স্যার –

মুকুল ।।   ধুর – সব বোরিং, বোরিং, বোরিং –

ডঃ হাজরা।।   হোক বোরিং আমরা তবুও শুনবো –

মন্দার ।।   হ্যাঁ আমরা তাও শুনবো, আমাদের বোরিং-এ কোনো আপত্তি নেই – রোজ রোজ নতুন আর কী গজাবে ভাই?

মুকুল ।।   কেন? রোজ নতুন নতুন পাতা হয়, ফুল ফোটে, পাখি ডাকে, নতুন রঙের প্রজাপতি আসে – তাদের কত রকমের রঙ, কেউ পুরনো হয় না, ফুরিয়ে যায় না –

ডঃ হাজরা।।   বেশ বেশ তা না হয় আসে – তুমি আমাকে পুরনোদের কথা বলো?

মন্দার ।।   পুরনো বলে কি ফেলে দেওয়া যায়? ওদের মন খারাপ করবে না?

মুকুল ।।   যেগুলো অনেকদিন ধরে ছবির মধ্যে আটকে আছে সেগুলোকে কেউ ফেলতে পারবে না –

ডঃ হাজরা।।   য়্যাঁ – ছবির মধ্যে মানে – গুপ্তধন সব ছবির মধ্যে?

মন্দার ।।   না –আ – এই ত জলজ্যান্ত ছিল – এর মধ্যে ছবি হয়ে গেল? এরপর আমার থ্রম্বোসিস্ হলে অবাক হবো না কিন্তু ।

ডঃ হাজরা।।   মুকুল – বাক্সগুলো সব ছবিতে?

মুকুল ।।   না তো? বাক্সগুলো সব ছবি হতে যাবে কেন? ওগুলো তো সব লাইন দিয়ে রাখা

মন্দার ।। বাঁচালি ভাই, ওগুলো ছবি হলে আমিও আর কিছুক্ষণের মধ্যে ছবি হয়ে লটকে যেতুম । পারতুম না সামলাতে । এত উত্থানের পর অতটা পতন উঃ । নাঃ একদম ভাববো না আর ।

ডঃ হাজরা।। বাক্সগুলো তাহলে সব আছে – তাই না মুকুল? আর বাক্সগুলো ভর্তি সব দামি দামি বাসন, রঙবেরঙের পাথরগুলো সব আছে তাই না?

মুকুল ।। হ্যাঁ – ওই বোরিং জিনিসগুলো সব আছে । সাজানো আছে । অনেক দিন ধরে আটকে আছে ওই ঘরের মধ্যে ।

মন্দার ।। চিন্তা করো না বাবু – আমরা সব সাফ করে দেবো । তারপর মুকুলবাবু সেই সাফ করা পরিষ্কার ঘরে বসে নিজের আঁকা ছবিদের নিয়ে রাজত্ব করবে –

মুকুল ।। ওই পুরনো জিনিষগুলো সব ফেলে দিলে অনেক জায়গা হবে – আমি সেখানে অনেক ছবি আঁকতে পারবো । সব নতুন ছবি – নতুন মানুষ – নতুন ফুল – নতুন পাখি – সব নতুন

ডঃ হাজরা।। নতুন নতুন ছবি আঁকতে গেলে তো সেখানে যেতে হবে মুকুল? কি করে যাবে সেই ঘরে?

মুকুল ।। আমি? আমি যাব সেই ঘরে?

ডঃ হাজরা।। তুমি নয় তো কে? আমাদের নিয়ে তুমিই তো যাবে তোমাদের সেই ঘরে – কী করে যায় সেখানে মুকুল?

মুকুল ।। সিঁড়ি দিয়ে নামতে হয় ।

ডঃ হাজরা।।   নিচে যাবার সিঁড়ি?

মুকুল ।।   হ্যাঁ – কিন্তু কেউ জানে না কোথায় সেই সিঁড়ি – বাইরের কোনো জায়গা দিয়ে সিঁড়ির দরজা দেখা যায় না –

মন্দার ।।   য্যাঁ? সেটা আবার কী কথা? সিঁড়ি আছে অথচ দেখা যায় না? প্যাঁচ মেরো না গুরু –

ডঃ হাজরা।।   তুমি জানলে কি ভাবে মুকুল?

মুকুল ।।   বাঃ আমাদের শোবার ঘরে আছে আর আমি জানবো না?

মন্দার ।।   যা যা জানিস সব একবারে ঝেড়ে বলে ফেল না ভাই – ইন্‌স্টল্‌মেন্টে কেন ছাড়ছিস?

ডঃ হাজরা।।   তোমাদের শোবার ঘরে সেই সিঁড়ির দরজা?

মুকুল ।।   দরজা না তো?

মন্দার ।।   আবার প্যাঁচ – ভাইটি । তুই কি তোদের ওই ভুল্‌ভুলাইয়ার ট্যুর গাইড?

ডঃ হাজরা।।   তাহলে শোবার ঘর দিয়ে যায় কি ভাবে?

মুকুল ।।   দেওয়াল আলমারিটার ভেতর দিয়ে রাস্তা – সেখান দিয়ে গেলেই নিচে যাবার সিঁড়ি

মন্দার ।।   কোথায় ডাইভ মেরেছেন স্যার – এতো একেবারে ফটোগ্রাফিক মেমরি । নিখুঁত ডেস্‌ক্রিপশান । এইবার টুক করে অ্যাড্রেস্‌টা বার করে সিন্ খালি – ব্যাস তাহলেই মিশন কমপ্লিট ।

ডঃ হাজরা।।   একটু বেশি রকমের ক্লারিটি লাগছে না? কোন জন্মের রেসিড্যু কে জানে?

মন্দার ।।   আরে দাদা দশ বছরে এইরকম একটা সাবজেক্ট পেলেন তাতেও সন্দেহ? তাড়াতাড়ি কাজ মেটান তো তারপর টাইম টু সেলিব্রেট আওয়ার ফার্স্ট সাকসেস ।

ডঃ হাজরা।।   নো ডাউট্ । তবে এত ডিটেইল ইনফর্মেশান তো সেই জাতিস্মর মুকুলও দিতে পারে নি । খট্কাটা সেইখানেই । যাকগে পরে ভাবা যাবেখন । লেট্স্ প্রসিড্ – তবে তার আগে আর একটা ব্রেক নেওয়া দরকার । তোমার হাতে কতো টাইম আছে হে?

মন্দার ।।   ও নিয়ে ভাববেন না । অঢেল সময় – আপনি করুন না ধীরেসুস্থে – আর তা ছাড়া জাল তো মোটামুটি গুটিয়েই এনেছেন – এইবার ঠিকানার একটা আইডিয়া পেয়ে গেলেই তো আমাদের মুকুলবাবুর রিকোয়ারমেন্ট শেষ । নিন এইটা থেকে দুটো সিপ্ মেরে ব্রেক নিয়ে নিন একটা

[হিপ পকেট থেকে একটা নিব বার করে টেবিলে রাখে]

চিন্তা করবেন না এইসব দিনগুলোর জন্য আমার স্পেশাল এরেঞ্জমেন্ট থাকে, এটা এবসোল্যুট ভোদকা, এখনো ঠান্ডাই আছে – আর আমি ততক্ষণে একটা বায়ো ব্রেক নিয়ে আসছি – [বলে বেরিয়ে যায়]

[ডঃ হাজরা রুমাল বার করে কপালের মুখের ঘাম মোছে । বেশ ক্লান্ত দেখায় ।নিব টা দেখে কিছু একটা ভেবে টেবিলের একপাশে

সরিয়ে রেখে এক গ্লাস জল খায় । তারপর পাইপ ধরায় । খুব মনোযোগের সাথে চিন্তা করতে করতে বলতে থাকে]

ডঃ হাজরা।।   আন্‌কন্‌সাস লেভেলে এতো ডিটেইল ইম্প্রিন্ট ভাবতে বেশ অবাক লাগছে ।   আন্‌বিলিভেব্‌ল্‌ । নাঃ এরকম রেফারেন্স কখনো পেয়েছি বলে তো মনে পড়ছে না? আরও লিটারেচার ঘাঁটতে হবে – দিস ইজ এ ইউনিক্‌ কেস । যদি ওর কথা অনুযায়ী মাল পাওয়া যায় – মাই গড্‌ – সাচ্‌ আ হিউজ্‌ রিজার্ভ অফ ট্রেসার ইন নেপাল, অথচ কেউ জানে না । পোখরা ইজ ভেরি মাচ রিচেব্‌ল্‌ । জঘনলাল ওর বাপের স্মাগ্‌লিঙ্গের ধান্দাটা কাঠমান্ডু থেকেই অপারেট করে, ওকে সার্কিটে আনতে হবে – তাহলে পুরো অপারেশান্‌টা স্মুদ্‌লি হয়ে যাবে ।

[মুকুল নিবটা থেকে ১/২ সিপ নিয়ে ওটা জায়গায় রেখে দেয়, ডঃ হাজরা লক্ষ করেন না]

তারপর ওকে দিয়েই এই বোসটাকে ঝেড়ে ফেলার কাজটাও সেরে ফেলা যাবে । মন্দার বোস হয় খুব বড় প্লেয়ার নয়তো একটা ইল্‌ লিটারেট গাধা । খালি নুইসেন্স ছাড়া আর কোনো ভ্যাল্যু এডিশান নেই । অবশ্য এই ছেলে তোলার কাজটা ওর থেকে ভালভাবে আর কেউ পারতো বলে মনে হয় না । হাজার হোক জেনেটিক মেমরি তো যায়গা ক্ষেত্রে প্রকাশ পাবেই । ওকে পুরো ইউটিলাইজ্‌ করে একদম লাস্ট সিনে গিয়ে এলিমিনেট । আপাতত ওর সাপোর্ট ছাড়া এগোনো যাবে না ।

[সামনের আলো ছোট হয় । পিছন মঞ্চের আলো স্বাভাবিক হতে থাকে]

গান্ধারী ।।   কেশব তোমার সামর্থ ছিল, তুমি তো আমার পুত্রদেরও সেই সাহচার্য দিতে পারতে যাতে তারাও মানসিক ভাবে তৈরি হয়ে ধর্মমতে রাজ্যপালনে সক্ষম হত । তোমার প্রচেষ্টাও ছিল পাণ্ডবদের প্রতি সীমাবদ্ধ । তুমিও পক্ষপাতদুষ্ট কেশব । তুমি কখনোই চাওনি যে আমার শতপুত্রের অন্তত একজনও তোমার সান্নিধ্য লাভ করে নিজেকে উন্নত করুক । তুমি পাণ্ডব ছাড়া আর কাউকে তোমার বেষ্টনিতে প্রবেশ করতে দাওনি । তুমিও তোমার নিজের ইচ্ছাকে সব কিছুর উর্ধে রেখেছিলে

কৃষ্ণ ।। আবারও ভুল ধারণা দেবী । আমি দুর্যোধন আর অর্জুনকে সমান সুযোগ দিয়েছিলাম । আমার যা কিছু ছিল আমি দুই হাত উন্মুক্ত করে দিয়েছিলাম তাদের যার যা ইচ্ছা তা গ্রহণ করবার জন্য ।আপনার মহাবলি পুত্র নিল আমার প্রবল ক্ষমতাসীন বিপুল সংখ্যক নারায়ণী সেনা । দুর্যোধনের সব কিছু ছিল সংখ্যায় বিচার্য । সে চাইতো অসংখ্য – তাই তার কাছে নারায়ণের চেয়ে নারায়ণী ছিল অধিকতর মূল্যবান । আর অর্জুন বুঝেছিল অনন্তের শক্তিকে, তাই সে বেছে নিয়েছিল আমাকে, আমার অনন্ত সত্তা, বুদ্ধি আর চেতনার সাথে সে নিজেকে একাত্ম করেছিল। রাজ্যচালনে পাণ্ডবরাও প্রস্তুত ছিল না দেবী, দ্যূত সভায় যুধিষ্ঠিরের আচরণ কোনভাবেই তার রাজ্যভার নেবার সক্ষমতার পরিচয় দেয় নি । কিন্তু বারো বছরের বনবাস আর এক বছরের অজ্ঞাতবাস তাদের মধ্যে রাজধর্মের দায়িত্ববোধকে প্রানিত করেছিল । যে সময়ে আপনার পুত্রেরা তাদের মিত্র অমত্যদের নিয়ে প্রমোদেআমোদে উন্মত্ত ছিল, সেই সময়ে পাণ্ডবেরা মনযোগ দিয়েছিল কৃচ্ছসাধনে । অজ্ঞাতবাস তাদের অহঙ্কারকে পদদলিত করেছিল আর বনবাস তাদের

দিয়েছিল বাস্তবজ্ঞান, জীবনবোধ আর সংযম – রাজ্যচালনে যার প্রয়োজন অপরিহার্য । যুদ্ধের পূর্বে আমি আপনাদের কাছে এসে পাণ্ডবদের জন্য কেবল মাত্র পাঁচটি গ্রাম চেয়েছিলাম, কিন্তু আপনার স্বামী, পুত্রেরা তাতেও সম্মতি দেয় নি । আপনাদের এই কুলক্ষয়ের জন্য নিজেদের দায় স্বীকার করতে এখনো কেন এত দ্বন্দ্ব তা বলতে পারেন দেবী?

গান্ধারী ।।   আমার স্বামী জন্মান্ধ কেশব – পৃথিবীর সকল রঙ রূপ তাঁর কাছে অপরিচিত – তাঁর একমাত্র অবলম্বন ছিল তাঁর পুত্রেরা – পুত্রস্নেহ ছাড়া আর কোনো বন্ধনে তিনি আবদ্ধ ছিলেন না–

কৃষ্ণ ।।   কিন্তু আপনি? আপনি তো জন্মান্ধ নন দেবী । আপনার চোখের আবরণবস্ত্রের নিয়ন্ত্রণ তো আপনার হাতেই ছিলো । পিতার অন্ধত্বের সুযোগ নিয়ে পুত্র যদি বিপথগামী হয় তাহলে মাতা তা বুঝতে পারলেও কেন নিজেকে অবগুণ্ঠিত করে রাখবেন – যেখানে পুত্রের উপর রাজ্য চালনার গুরুদায়িত্ব আসতে চলেছে? এর উত্তর কে দেবে দেবী? এর দায় কে নেবে আপনি ছাড়া? কোথায় ছিল আপনার অনুশাসন, পুত্রপালনের দায়বদ্ধতা, সম্রাজ্ঞীর কর্তব্য? গর্ভে ধারণ করাই তো মাতার একমাত্র কর্তব্য নয়, সন্তানের মানসিক গঠনের মূল স্থপতি তো তার মাতা – তার বিচারবোধ, সমাজের প্রতি তার দায়িত্ব, প্রকৃতির সাথে একাত্মতা এ সমস্তই তো মাতার সন্তান পালনের অঙ্গ । আপনি নিজেই বিচার করুন দেবী আপনার শতপুত্রদের কজনের প্রতি আপনি আপনার মাতৃত্বের কর্তব্য পালন করেছিলেন, করলে হয়ত এই বিনাশ কখনোই আপনাদের দেখতে হতো না – আপনাদের কুলক্ষয়ের দায়

অন্যদের উপর প্রদান না করে, নিজেদের অকৃতকার্যতা স্বীকার করে শান্ত মনে পাণ্ডবদের আশীর্বাদ করুন আর রাজ্য চালনে সহায়তা দিন ।

গান্ধারী ।।   বাসুদেব, তুমি শাস্ত্রজ্ঞানসম্পন্ন, বাক্য বিশারদ এবং অসামান্য বলবীর্যশালী, তথাপি তুমি স্বইচ্ছায় কৌরবদের উপেক্ষা করেছো । তোমায় এর ফল ভোগ করতেই হবে – আমি গান্ধার কন্যা গান্ধারী চিরটা জীবন উচ্চ আধ্যাত্ম চেতনায় বিরাজ করে, নিরন্তর সাধু সেবায় রত থেকে আর একনিষ্ঠ ভাবে পতিশুশ্রূষা করে যে কিছু তপোবল অর্জন করেছি তার সমস্ত একত্রিত করে আজ আমি তোমাকে অভিশাপ দিচ্ছি কেশব – তুমি যেমন কুরুপাণ্ডবদের জ্ঞাতি বিনাশকে উপেক্ষা করেছো, তেমনই তোমার জ্ঞাতিরাও তোমার চোখের সামনে বিনষ্ট হবে – ছত্রিশ বছর পর তুমি জ্ঞাতিহীন, অমাত্যহীন, পুত্রহীন বনচারী হয়ে অতি কুৎসিত উপায়ে, অপঘাতে মৃত্যু বরণ করবে । আজ যেমন ভরতবংশের নারীরা পতিপুত্র হারা হয়ে শোকে ভূমিতে লুষ্ঠিত হচ্ছে, তোমার যাদব বংশের নারীরাও সেইরূপ নিঃসম্বল হয়ে নিদারুণ শোকে বিদ্ধ হবে, তোমার যাদব বংশ ছারখার হবে, তুমি নির্বংশ হবে বাসুদেব তুমি নির্বংশ হবে –

কৃষ্ণ ।।   [স্মিত হেসে] দেবী, আপনি যা বললেন তার কোনো কিছুই আমার অজ্ঞাত নয় । যা অবশ্যম্ভাবী তার জন্যই আপনি আমায় অভিসম্পাত করলেন । এর অধিক কিছু করবার ক্ষমতাও আপনার নেই । যাদব বংশের সংহারকর্তা কালের অমোঘ নিয়ম ভিন্ন আর কেউ নয় । আপনার পুত্রদের মত যাদবরাও নিজেদের সম্ভোগ ব্যতীত আর কিছুকেই প্রাধান্য দেয় না । তারা

মনুষ্য জন্মের মর্মও বোঝে নি । সম্ভোগে লিপ্ত থেকে তারা কেবল একে অপরের থেকে দুরত্ব সৃষ্টি করবে, নিজের প্রাধান্য বিস্তার করতে চাইবে আর অন্যের সংহারে মননিবেশ করবে, তার যা পরিনাম তাই হবে ।ভবিষ্যতে যারা এই কণ্টকাকীর্ণ পথ ধরে তাদের জীবনকে চালনা করতে চাইবে তাদের পরিনামও অন্যথা হবে না । কাল যেমন তোমার পুত্রদের প্রতি পক্ষপাতহীন তেমনই অন্য কারোর প্রতিও তার নিয়ম লঙ্ঘিত হবে না – অনন্তের এ নিয়ম অনন্ত কাল ধরে চলতে থাকবে, চলতেই থাকবে – এখন যেমন হয়েছে ভবিষ্যতেও তেমনটি হবে ।

[সামনের আলো স্বাভাবিক হয় । পিছন মঞ্চের আলো ছোট হতে থাকে । মন্দার বোস ঢোকে]

মন্দার ।।   নিন ফিরসে স্টার্ট করুন । আপনার মন্তরের এই জোর আগে তো কখনো দেখি নি স্যার - নিন নিন আর ওয়েট করতে পারছি না । ওফ্ ভাবলেই মাথাটা এক্সপ্লোড করবে বলে মনে হচ্ছে। আপনি তো মশাই আপনার বাপকেও, আই মিন স্বর্গীয় পিতাশ্রীকেও টেক্কা দিয়ে ফেললেন যে –

ডঃ হাজরা।।   হ্যাঁ – একদম খাপে খাপ হয়ে যাচ্ছে । এতটা এক্সপেক্ট করি নি – আর একটু এক্সপ্লোর করি তারপর চ্যাপ্টার ক্লোজ করবো ।

[মুকুলের কাছে গিয়ে আবার টর্চের সাহায্যে হিপ্নোটাইজ করতে থাকে]

মুকুল – মুকুল – শুনতে পাচ্ছো? আমায় শুনতে পাচ্ছো তো মুকুল?

[মুকুল কোনো সাড়া শব্দ করে না]

মন্দার ।।   কি হলো? খোকা আবার ঘুমালো নাকি? আপনি কি খোকা ঘুমালো পাড়া জুড়ালো মার্কা কোনো গান গুন গুন করে গাইছেন? যে থেকে থেকেই ঘুমিয়ে পড়ছে?

ডঃ হাজরা।।   থামবে তুমি? এটা কি সুইচ নাকি যে ইচ্ছে মতো অন্‌ অফ্‌ করবো?

মুকুল ।।   আঃ – আঃ - [একটা আওয়াজ করে ওঠে]

ডঃ হাজরা।।   শ্‌ – শ্‌ – শ্‌ – এ্যক্টিভেটেড হচ্ছে । কোয়াইট । মুকুল? শুনতে পাচ্ছো?

মুকুল ।।   আঃ – আমার মাথাটা কেমন করছে । আমি শুনতে পাচ্ছি –

ডঃ হাজরা।।   তুমি এখন কোথায় মুকুল?

মুকুল ।।   আরও গভীরে – অনেক গভীরে –

ডঃ হাজরা।।   গভীরে মানে? কার গভীরে – কীসের গভীরে – আরও নিচে?

মুকুল ।।   অনেক নিচে –

ডঃ হাজরা।।   যে ঘরে সোনাদানা আছে সেইখানে?

মুকুল ।।   না – তার থেকে অনেক গভীরে –

মন্দার ।।   মাই গড্‌ – আরও নিচের লেভেলে?

ডঃ হাজরা।।	নামতে থাকো মুকুল নামতে থাকো – সেখানে কী আছে মনে করার চেষ্টা করো

মুকুল ।।	অন্ধকার শুধু অন্ধকার –

মন্দার ।।	অত অন্ধকারে গিয়ে কাজ নেই ভাই – [ড: হাজরা খুব বিরক্তি নিয়ে তাকায়] না মানে যদি হোঁচট টোচট খায় তাই সাবধান করছিলাম আর কী? আপনি চাইলে যাক না –

ডঃ হাজরা।।	সেই অন্ধকারে কী আছে ভালো করে ভাবো মুকুল –

মুকুল ।।	সেখানে তো সব আছে, সেখানে গেলে সব পাওয়া যায় –

মন্দার ।।	বাপ রে বাপ – এ তো এক রাজা নয়, সাত রাজার ধনসম্পদ নিয়ে ঘুমোচ্ছে –

ডঃ হাজরা।।	পরিষ্কার করে ভেবে বলো মুকুল – সেই অন্ধকারে কী আছে আরও অনেক মূর্তি না লাইন দেওয়া বাক্স –

মুকুল ।।	আছে – এর থেকে অনেক বেশি । অনেক অনেক বেশি আনন্দ আছে সেখানে । শেষ না হবার আনন্দ – ফুরিয়ে না যাবার আনন্দ – পুরনো না হবার আনন্দ –

মন্দার ।।	হেঁয়ালি করছে নাকি?

ডঃ হাজরা।।	অন্ধকারে কীসের আনন্দ মুকুল? আমাদের বলো –

মুকুল ।।   ভালো লাগার আনন্দ – খুশি থাকার আনন্দ – সব কিছুর সাথে মিশে যাবার আনন্দ

ডঃ হাজরা।।   খালিখালি আনন্দ? কোনো জিনিস ছাড়াই আনন্দ?

মুকুল ।।   জিনিস থেকে আনন্দ পাওয়া যায় নাকি? সে আনন্দ তো জিনিসের সাথে সাথে পুরোনো হতে হতে একদিন ফুরিয়ে যায় । এ আনন্দ নিজের মধ্যেকার আনন্দ, যা অগুন্তি, যা ফুরায় না –

ডঃ হাজরা।।   রাগ করো না মুকুল, ব্যপারটা বোঝার চেষ্টা করছি । অন্ধকারের মধ্যে কী আছে যা অগুন্তি? কিছুই ফুরায় না?

মুকুল ।।   আলোতে তো নতুন পুরোনো সব আলাদা করা যায়, তাই আজকে যাকিছু সব নতুন তা একদিন পুরোনো হয়ে যায়, আর এক সময়ে সেগুলো পাবার আনন্দও ফুরিয়ে যায় । এখানকার অন্ধকারে তো সব মিলে মিশে এক তাই কিছুই পুরোনো হয় না, ফুরায় না । ভালো লাগা ফুরায় না । খুশি থাকা ফুরায় না ।

ডঃ হাজরা।।   তুমি গিয়েছো সেই ঘরে?

মুকুল ।।   হ্যাঁ – আমার খুব ভালো লাগে সেখানে – সেখানে সবাই যেতে পারে কিন্তু কেউ যায় না

ডঃ হাজরা।।   সব কিছু পেলে আমারও খুব আনন্দ হবে । তা নিচে কীভাবে যাব বলবে না মুকুল?

মুকুল ।।   সেখানে যাবার রাস্তা খুঁজে নিতে হবে – সবার আলাদা আলাদা –

মন্দার।।   মানে? অনেক সিঁড়ি – গোলকধাঁধা বানিয়ে রেখেছে নাকি মশাই?

ডঃ হাজরা।।   আলাদা রাস্তা মানে কি মুকুল?

মুকুল।।   সবার সিঁড়ি আলাদা – যারা তাড়াতাড়ি সবকিছুর সাথে মিশে যায় তাদের সিঁড়ি ছোট, আর যারা মিশতে দেরি করে তাদের সিঁড়ি খুব লম্বা –

মন্দার।।   লে হালুয়া। আপনাদের যুগলবন্দীর মাথামুণ্ড তো কিস্যু বুঝতে পারছি না, নির্ঘাত ডোজ গুলিয়েছেন

ডঃ হাজরা।।   কে মিশবে? কার সাথে মিশবে মুকুল?

মুকুল।।   আমি – তুমি – ছবি – প্রজাপতি – আকাশ – বুদ্ধ – হীরে – সব মিলে মিশে এক হলে তবেই তো সব আমার, আর সবেতেই আমি – আর কী ভীষণ আনন্দ তখন – শেষ না হওয়া সেই আনন্দ

মন্দার।।   পুরো ভুল ভাল বকছে এবার, ঘুমের বড়ির মাত্রাটা মেপে দেয়েছিলেন তো? সেবারকার বাচ্ছাটার তো ঘুম্ই ভাঙল না –

ডঃ হাজরা।।   চুপ ও কথা উচ্চারণ করবে না। দ্যট ওয়াজ এন এক্সিডেন্ট। তুমি ছাড়া আর কেউ জানে না সেদিনকার ঘটনা। তারপর থেকে আমি ঘুমাতে পারি না – ওঃ দ্যট টেরিব্ল্ ডে – আই ওয়ান্ট্ টু ফরগেট – তুমি মনে করালে কেন? ইট ওয়াজ জাস্ট এন এক্সিডেন্ট –

মন্দার ।।   ওকে ওকে – ঘাট হয়েছে বাবা, কিন্তু এটাকে তো সামলান । বার বার এক্সিডেন্ট হলে ডেস্‌প্যাচ করবেন কোথায় । আগেরবার তো রাত ভোর জেগে আপনার বেডরুমের মেঝে খুঁড়ে সমাধি দেওয়া হলো, এবার আর জায়গাই বা কোথায় –

ডঃ হাজরা।।   চুপ – চুপ একদম চুপ । বার বার ওই ঘটনাটার কথা মনে করাচ্ছ কেন?

মন্দার ।।   বারে বারে একই কাণ্ড ঘটালে নতুন আর কি মনে করাবো?

মুকুল ।।   আঃ – আঃ –

মন্দার ।।   না না ওই তো খোকা আমাদের দিব্যি বেঁচেবর্তে আছে – তবে ঘুমিয়ে পড়েছে আবার । একটু প্রলাপ বকছিলো মনে হয় – কি বলেন?

ডঃ হাজরা।।   গুড কোয়েশ্চেন । হতে পারে ডিলিরিয়াম্, তবে কোন মেমরি থেকে বলছে এসব কথা? সাব্‌কন্সাস থেকে তো না? ওইসব বলার মতো ম্যাচ্যুরিটি ওর আসবে কোথা থেকে? স্ট্রেঞ্জ ভেরি স্ট্রেঞ্জ – তাহলে কি বিয়ন্ড সাব্‌কন্সাস? যেখানে না থাকে মেমরি না থাকে আইডেন্টিটি । পিওর ইন্টেলিজেন্স? মাই গড । এ কি ডোজ দিলাম আজ? হিপ্‌নোসিস করে এই লেভেল এ পৌঁছানো যায় নাকি? এও কী সম্ভব? নাঃ শরীরটা – কেমন একটা অস্বস্তি লাগছে – প্রেশার বেড়ে যাচ্ছে, বোস – বোস আমাকে একটু ধরো তো –

[চেয়ারে ধপ্ করে বসে পড়ে, মন্দার একটা কাগজ দিয়ে হাওয়া করতে থাকে]

নাঃ যথেষ্ট হয়েছে এবারকার মতো – এবার wrap up – খোকাকে প্যাক আপ করে জায়গায় রেখে এসো –

মন্দার ।। যায়গায় আর রাখব কী ভাবে? ঘড়ি দেখুন – স্কুল ছুটি হয়েছে আধ ঘণ্টা হলো । অনেক আগেই আমি থামতে বলেছিলাম – কিন্তু আপনি ওই অন্ধকার ঘরে কানামাছির মতো ছোটাছুটি করতে গিয়ে স্কুল ছুটি করিয়ে ছাড়লেন । এবার ডাম্প্ করবো কোথায় সেটা কি বলবেন স্যার?

ডঃ হাজরা।। ওয়েট করো তাহলে বুদ্ধুরাম । অন্ধকার হবার জন্য ওয়েট করো? অন্ধকার হোক, তারপর দূরে কোথাও নিয়ে গিয়ে একেবারে পার্মানেন্টলি ডাম্প করে দাও – কি ক্লিয়ার হলো?

মন্দার ।। পার্মানেন্টলি ডাম্প মানে? এলিমিনেট?

ডঃ হাজরা।। এক্‌ব্যাক্টলি । ট্রেস রেখে স্ট্রেস বাড়াবার দরকার কি? মারাত্মক ডিপ মেমরি এক্সেস করতে পারে ও । একে বাঁচিয়ে রাখা ভয়ঙ্কর রিস্কি হয়ে দাঁড়াবে ভবিষ্যতে । বলা যায় না এখানকার সব কিছুর ভিডিও শো চালু করে দিতে পারে অন্য কারোর কাছে । দেখছো না কেমন পিওর কন্সাস্‌নেস্ লেভেলে পৌঁছে গেল । ব্রেইনের ক্যানিবিস রিসেপ্টরগুলো এক্টিভেট হয়ে গেল আপনা আপনি । জাস্ট হাল্কা সেডেটিভ দিতেই – বলে কীনা আনন্দ ফুরাচ্ছে না – ব্লিস্‌ফুল স্টেজ । কজন পারে ওই স্টেজ অবধি পৌঁছাতে? হি ইজ নট এন অর্ডিনারি কিড – ওকে তাড়াতাড়ি ক্লিয়ার করো – চ্যাপ্টার ক্লোজ করে দাও ওর ।

মন্দার ।।   মন্দ ভাবেন নি – একে রেখে দেওয়াটা বড্ড রিস্কি হয়ে যাবে । কোথায় কবে কার কাছে কি গান গেয়ে বসবে কে জানে – তা কে করবে ফাইনাল কাজটা?

ডঃ হাজরা।।   কেন? তুমি করবে? এটা বরাবরই তোমাদের দায়িত্ব–

মন্দার ।।   ও – ও এখানে তো জেনারেশান নেক্সট হবেই – এবারে কোনো রকম এক্সিডেন্ট করানো যাবে না – না?

ডঃ হাজরা।।   যদি শেয়ার পাবার ইচ্ছেটা থাকে তাহলে এবারকার এক্সিডেন্টটা নিজেই চিন্তা করে বার করো । খালি লাভেরই ভাগ নেবে পাপের নয় সেটা তো আর হয় না –

মন্দার ।।   না – না – না তা হবে কেন, তা হবে কেন? যদিও খেলার শুরুতে সবাই লাভ অল বলে বটে, কিন্তু ম্যাচ চালু হলেই শুধু নিজের লাভের কথাই ভাবে – আপনার গেম প্ল্যান আশা করছি শেষ অবধি একই থাকবে –

ডঃ হাজরা।।   বাজে কথা না বলে কাজের কথাটা ভাব –

মন্দার ।।   হুঁ – কাজটা আমাকেই যখন করতে হবে তখন আপনারও একটা চিহ্ন থাকা দরকার – যাতে আপনার মেমরি থেকে হঠাৎ খসে না পড়ে যাই । তা দিন আপনার যন্তরখানা – অনেক দিন ধরে তো অকেজো হয়ে পড়ে আছে । ওটার একটা শুভ উদ্বোধন করে ফেলি । আমারও একটা ফার্স্ট টাইম এক্সপেরিয়েন্স হোক –

ডঃ হাজরা।।   য্যাঁ – অ – ইউ মিন – হুঁ – দিচ্ছি দাঁড়াও । ক্ষত্রীয় বলে কথা অস্ত্রতো লাগবেই –

[টেবিলের ড্রয়ার থেকে একটা রিভলবার বার করে আনে, হাতে দেয়]

ভালোয় ভালোয় শুভ কাজটা সেরে এসো মন্দার বোস দ্য টু – এই নাও – এতে তিনটে টোটা আছে – মাথায় ছাড়লে একটাই যথেষ্ঠ – তবে হাতে আরও দুটো থাক, রাস্তায় কোথায় কী লাগে । ফাস্ট টাইম বলে বেশি হড়বড় করতে যেও না – বি এক্স্ট্রা কেয়ারফুল –

মন্দার।।   দাঁড়ান দাঁড়ান পকেটে রাখব নাকি? বাই চান্স গুলি ছুটে গেলে? বাদবাকি লাইফটা তো ব্রহ্মচারী হয়ে কাটাতে হবে – টু মাচ রিস্ক সেটা । একটা প্লাস্টিক টাস্টিক? ওই তো ওটাতেই হবে ।

[টেবিল থেকে একটা প্লাস্টিকের ব্যাগ এনে তার মধ্যে রিভলবারটা নেয়]

আর মিনিট দশেকের মধ্যেই বেরিয়ে যাব । আশাকরি খোকার ঘুম ভাঙবে না ততক্ষণে । আর যদি ভেঙ্গেই যায় তাহলে এখানেই গুলিটা মাথায় চালান করিয়ে দুগ্গা দুগ্গা বলে রওনা দেবোখণ ।

ডঃ হাজরা।।   না আমার সামনে হবে না । ওসব আমি দেখতে পারবো না ।

মন্দার ।।   ওঃ দেখালেন মাইরি, তা খোকা জেগে গেলে কি আয় ঘুম যায় ঘুম গান গাইতে গাইতে মাথা চাপড়াতে চাপড়াতে দত্তপাড়ায় হাওয়া খাওয়াতে নিয়ে যাব?

ডঃ হাজরা।।   এপ্লাই ক্লোরোফরম । ওই ড্রয়ারে রাখা আছে শিশিটা, সাথে নিয়ে নাও ।

মন্দার ।।   ওঃ, এই হলো আপনার সাথে কাজ করার মজা, সো ওয়েল অরগানাইজ়ড –

[বাইরে অনেক জুতোর শব্দ । সশব্দে দরজা খোলার আওয়াজের সাথে সাথে ৪/৫ জন ইউনিফর্ম পরা পুলিশ হুড়মুড় করে ঢুকে দুজনকে ঘিরে দাঁড়ায়]

ইন্সপেক্টর।।   ইউ আর আন্ডার এরেস্ট ডঃ হাজরা – আপনার খেল খতম – কোনোরকম চালাকির চেষ্টা করবেন না । আপনার বাড়ি সারাউন্ডেড –

ডঃ হাজরা।।   এর মানে? আপনারা কেন? কোনো গ্রাউন্ডে আমার বাড়িতে ঢুকলেন? আর কিসের এরেস্ট? হোয়াট ননসেন্স? আপনি ভুল জায়গায় ঢুকে পড়েছেন ইন্সপেক্টর ।

ইন্সপেক্টর।।   আপনি যে একজন একজন ধুরন্ধর ব্যক্তি, সে বিষয়ে আমাদের ভুল ভাঙতে দেরি হলেও ফাইনালই একদম নির্ভুল জায়গায় এসে গিয়েছি ।

ডঃ হাজরা।।   আমার বিরুদ্ধে অভিযোগটা জানতে পারি কি? তাহলে ভুল না ঠিক সেটা ক্লিয়ার হত অন্তত –

ইন্সপেক্টর।।   প্রথমে ছিল সিরিয়াল এব্ডাক্শানের অভিযোগ। আর এখন তো প্লট টু মার্ডার অ্যান্ড দু বছর আগের রহিত সেনের অন্তর্ধান এবং মার্ডার চার্জ।

ডঃ হাজরা।।   বিল্ডিং কেস আউট অফ থিন এয়ার – আপনার স্টোরি দাঁড় করাবার আগে একবার আমার সোশ্যাল ইনফ্লুয়েন্সটা খেয়াল রাখবেন ।

ইন্সপেক্টর।।   চিন্তা করবেন না, লম্বা হোম ওয়ার্ক করা আছে আমাদের । নো থিন এয়ার স্যার একেবারে ডিপ ওয়াটার ডাইভ । গত পাঁচ বছর ধরে এই শহরের বেশ কিছু জায়গা থেকে রহস্যজনক ভাবে কিছু অল্প বয়স্ক ছেলেরা ঘণ্টা পাঁচেকের জন্য নিখোঁজ হয়ে যাচ্ছিলো । পরে তাদের বাড়ির কাছাকাছি কোনো আইসোলেটেড জায়গায় অচেতন অবস্থায় পাওয়া যেত । খানিকটা সেই সোনার কেল্লার মিস্টেক মুকুলের মতো, কোনো ড্যামেজ করা হতো না, তবে বাচ্চাগুলো কোনো ক্লু দিতে পারতো না । হেভিলি সেডেটেট থাকত – কিচ্ছু রিকল করতে পারতো না । খালি একটা বাচ্চা, নাম রোহিত সেন আর ফিরে আসে নি – পারমানেন্টলি মিসিং ।

ডঃ হাজরা।।   বাঃ – তার সাথে আমার নামের হাজরা আর হিপ্‌নোটিজ়ম প্রফেশানটার একটা স্ট্রেট লাইন টেনে আপনার ওই সোনার কেল্লা গল্পের এক্সটেনশান দিয়ে ফেললেন । দেশে নতুন করে আইন লেখা হচ্ছে দেখছি । মিঃ ইন্সপেক্টর আপনারা ট্রেস্‌পাস করছেন ডিউরিং দ্য কোর্স অফ মাই ট্রিটমেন্ট । জানেন এতে আমার পেশেন্টের কতো ক্ষতি হয়ে যেতে পারে? কোনো ধারণা আছে কী রকম রিস্ক নিয়ে আপনারা ছেলেখেলা করছেন? নাও প্লিজ লিভ দিস প্লেস ইমিডিয়েটলি । না হলে কিন্তু আমি হায়ার অথোরিটিকে ফোন করতে বাধ্য হব । মিঃ বোস আমার ফোনটা আপনাকে রাখতে দিয়ে ছিলাম না? দিন তো প্লিজ – আই উইল কল দ্য কমিশনার নাও –

ইন্সপেক্টর।।   আপনি করছেন ট্রিটমেন্ট?

ডঃ হাজরা।।   অফ কোর্স । এই তো আমার পেশেন্ট আর তার বাবা । মিঃ বোস কিছু বলুন চুপ করে থাকবেন না প্লিজ । এতে আপনার ছেলের মারাত্মক ক্ষতি হয়ে যেতে পারে – ডোন্ট এলাও সাচ ন্যুইসেন্স টু হ্যাপেন এট দ্য রিস্ক অফ ইওর সান ।

ইন্সপেক্টর।।   আপনার ট্রিটমেন্ট চলছিলো? আচ্ছা? মিঃ বোস আপনার ক্লায়েন্ট আর ওটা ওনার ছেলে – আর এই কথাগুলো পার্ট অফ ইওর কাউন্সেলিং?

[ইন্সপেক্টর তার মোবাইল থেকে রেকর্ডেড ভয়েস চালিয়ে দেয় – "ওয়েট করো তাহলে বুদ্ধুরাম । অন্ধকার হবার জন্য ওয়েট করো? অন্ধকার হোক, তারপর দূরে কোথাও নিয়ে গিয়ে একেবারে পার্মানেন্টলি ডাম্প করে দাও "]

আরও শোনাব নাকি? অবশ্য কোর্টে পুরোটাই রিপিট কাস্ট হবে । তখন মন দিয়ে ভাল করে শুনে নেবেন । আপনার সব কথা রেকর্ডেড ।

ডঃ হাজরা।।   কিন্তু কিন্তু – আপনারা আমাকে ফ্রেম করছেন – আপনাদের ভয়েস রেকর্ড ইজ ফেক – দিস প্রুভস্ নাথিং – আপনারা আমার কিছুই করতে পারবেন না ।

ইন্সপেক্টর।।   সেটা আমাদের ওপর ছেড়ে দিন । কী করে কেস দাঁড় করাতে হয় সেটা আমাদের হেডেক । আপনার মোবাইল থেকে পুরো কথাগুলো আমার ফোনে এসে রেকর্ডেড হয়েছে – আদালতকে কী করে বোঝাবেন যে আপনার ফোন থেকে আমার

ফোনে নাটুকে কল এল আপনি সেটা নিয়ে চিন্তা ভাবনা চালু করুন এবার –

মন্দার ।। আসলে তখনকার যে কলটা আপনার মোবাইলে এসেছিলো সেটা ইন্সপেক্টরের করা, আমি কলটা রিসিভ করে লাইনটা চালু রেখেছিলাম মাত্র – সেটাই রেকর্ড হয়ে গিয়েছে – তেমন হাই টেক কোনো ব্যাপার না –

ইন্সপেক্টর।। গুড জব মিঃ বোস । আপনার সাপোর্ট না পেলে কেসটা গোটানোই যেত না । আশা করছি আমার ছেলাটা সুস্থই আছে।

মন্দার ।। ভাববেন না স্যার – ঘুমের ওষুধ তো আমার পকেটে । ওকে তো প্লেন দুধ খাইয়েছি । তবে মানতেই হবে যে এই কেসের হিরো কিন্তু আপনার ছেলে বাবু । যেমনটি শেখানো হয়েছিল ঠিক তেমনটি পারফর্ম করেছে । কেউ সন্দেহ করতে পারেনি । বাবু উঠে এস এবার –

ডঃ হাজরা।।। মন্দার? এসবের মানে? শেষ পর্যন্ত তুমি বিট্রে করলে? এতটা নীচে নামতে পারলে? আমায় শেষ করলে?

মন্দার ।। স্যরি আপনার কোলাবরেশানটা মেন্টেইন করতে পারলাম না আর । তাছাড়া আমি আর আপনাকে শেষ করবো কি অনেক আগেই আমি আপনাদের হাতে পড়ে শেষ হয়ে গিয়েছি । আমাকে আপনারা এমন একটা পশু বানিয়ে ছেড়েছিলেন, যেটা আমি আর টানতে পারছিলাম না । আপনাদের মত সজ্জন ব্যক্তিদের জঘন্য মানসিকতার সাথে তাল দিতে দিতে আমি ক্লান্ত হয়ে পড়েছিলাম । আপনার চাই মনের ভেতরকার খবর তো অন্য

কারোর চাই দেহের ভেতরকার কিডনি বা চোখের ভেতরকার রেটিনা । আর আমার কাজ ছিল তাদের একটার পর একটা সাবজেক্ট সাপ্লাই দেবার এন্ডলেস এক্সারসাইজ । একটা অন্ধকার কানা গলিতে আটকে গিয়েছিলাম, কোন শেষ দেখতে পাচ্ছিলাম না।

ডঃ হাজরা।।	ওঃ হঠাৎ একেবারে নির্বাণ লাভ । এ সব গল্প ফেঁদে তুমি পার পাবে ভেবেছো?

মন্দার ।।	পার আমি অলরেডি পেয়ে বসে আছি বস । যেদিন পেটের ডানদিকের রোজকার ব্যথাটা সিরোসিস বলে জানান দিলো, সেদিন বুঝলাম আমার ঘড়িটা এবার থেমে যাবার জন্য টিকটিক করছে, আমার কাউন্ট ডাউন চালু, প্রতি সেকেন্ডে আমি এক ধাপ করে সেই দিনটার দিকে এগোচ্ছি যেটা কাউকে রেহাই দেয় না, অথচ তার আগে পর্যন্ত নিজেকে কেমন অমর মনে হত, যেন অনন্তকাল আমার আয়ু আর লাইফ হলো মস্তির নেভারএন্ডিং ওয়েব সিরিজ ।ঝঠাৎ করে কে যেন ভেতর থেকে বলে উঠল ওরে আর বেশিদিন যে নিজের সাথে হাড়ুডু খেলা যাবে না, ভাল থাকতে হলে যে এখনি একশান স্টার্ট করতে হবে । রোগে ভোগার ভয়ে একবার নিজেকে শেষ করবো বলে প্রায় ঠিকই করে ফেলেছিলাম, কিন্তু সাহসে কুলালো না, হেরে গিয়ে তাই সারেন্ডার করলাম ওনার কাছে । গিয়ে বললাম যা শাস্তি হয় দিন, আর যদি একটা চান্স দেন তো যে কটা দিন আছি খালি ঝাড়ু মেরে একে একে নিজের পাপ নিজে সাফ করে দিয়ে যাবো । প্রমিস করলাম ওনাদের । আসলে যখন জানা যায় যে জীবনের স্লগ ওভারে ঢুকে পড়েছি তখন একটা

অন্যরকম বোধ আসে । সেটা তার আগে অবধি বোঝা যায় না –
যেমন আপনি বুঝতে পারছেন না ।

ইন্সপেক্টর।।		মিঃ বোসের এই চেঞ্জটা আমরা ওনার অপরাধ
জগতের লুকানো মুখগুলোকে বার করার কাজে লাগালাম । বছর
খানেক ট্রিটমেন্টের সাথে সাথে আমাদের সঙ্গে কাজ করছেন,
আমাদের ক্রাইম ব্রাঞ্চ এর শ্যাডো পার্টনার –

ডঃ হাজরা।।		কিন্তু – কিন্তু – হি হ্যাজ দ্য আর্মস, রিভল্বারটা
ওর কাছে । ও ও এই ক্রাইমে পার্টনার – দেখবো কি করে পার
পায় – সাধু সাজবার সাধ বার করছি –

মন্দার ।।		ঠিক । সময় মতো ওনার কাছ থেকে চেয়ে
রেখেছিলুম যাতে এই সময়ে উনি ওটা ব্যবহার করতে না পারেন ।
এই যে এর মধ্যেই আছে – উইথ হিজ ফিংগার প্রিন্ট্স্ । নেবার
সময়ে ওনার হাত থেকে সরাসরি ব্যাগে । টাচ্ পর্যন্ত করি নি –

ইন্সপেক্টর।।		সো এডিশানালি ইল্লিগ্যাল আর্মস ক্যারি করার
চার্জটাও যোগ হলো । জেলে লম্বা রিটায়ার্ড লাইফ কাটাবেন
ডাক্তারবাবু ।

ডঃ হাজরা।।		এক মাঘে শীত যায় না কিন্তু মন্দার বোস ।
কাক হয়ে কাকের মাংস খেলে । এর পরিণামের জন্য তৈরি
থেকো–

মন্দার ।।		আপনাদের গ্রামারটা অন্য ডঃ হাজরা ।
আপনারা পেয়ে পেয়ে কোথায় থামতে হবে সেটা ভুলে গেছেন।
খালি নিজেরটা ছাড়া আর কিছুই আপনাদের রাডারে ধরা পড়ে না

। আপনাদের পৃথিবীটা বড্ড একঘেয়ে, মোনোক্রোম্যাটিক, বোরিং যেখানে খালি পাবার চিন্তার ওয়ান ওয়ে ট্র্যাক । তাই অন্য রাস্তাটা আপনারা দেখতে পান না । আমি পেয়েছি ট্র্যাক চেঞ্জ করার সুযোগ আর আপনাদের উলটো পথে চলার স্বাধীনতা । আপনার ওই চশমার ভেতর দিয়ে এ দিককার দৃশ্য অনুভব করতে পারবেন না । যান ওনাকে নিয়ে যান আপনারা ।

[দুজন পুলিশ ডঃ হাজরাকে নিয়ে চলে যায় । মন্দার বোস আস্তে আস্তে মুকুলের দিকে]

মুকুল – মুকুল – শুনতে পাচ্ছো –

[মুকুল, মন্দার বোস, ইন্সপেক্টর তিনজনেই জোরে হেসে ওঠে । মুকুল উঠে দাঁড়ায়]

মুকুল ।।   এবার নিশ্চই ছুটি । আমার তো খুব ভয় লাগছিল । সব ঠিক ঠাক হয়েছে তো?

মন্দার ।।   ঠিকঠাক মানে? একদম পারফেক্ট । ঠিক যেমন যেমন গল্প সাজানো হয়েছিল একদম সেইরকম গেছে পুরো এপিসোডটা । হাজরা কিন্তু একটি বারের জন্য আন্দাজও করতে পারেনি যে ও আস্তে আস্তে ফাঁদে পা দিচ্ছে ।   না বস আপনার ছেলে কিন্তু যেমন ট্যালেন্টেড তেমন সাহসী । ও বড় হয়ে একজন দারুন দুঁদে পুলিশ অফিসার হবে ।

ইন্সপেক্টর।।   আপনার মত ট্রেইনার পেলে না হবার কারন নেই । পুরো প্লটটা তো আপনারই তৈরি । তবে হ্যাঁ প্রপার সাগরেদ না পেলে এই রকম ধুরন্ধর মালকে বাগে আনা যেত না ।

মন্দার ।।   সাগরেদ না বলে ওস্তাদ বললে কম বলা হবে না । শেষের দিকটা তো সম্পূর্ণ ওর কপিরাইট । কী সুন্দর ভাবে স্পটে বানিয়ে বানিয়ে বলল । হাজরা ডাক্তার তো তাতেই ঘোল খেয়ে ঢোল

মুকুল ।।   কই আমি তো তেমন কিছু না শেখানো কথা বলি নি ।

মন্দার ।।   সত্যি এইটুকু ছেলে অথচ কী ম্যাচিওর্ড, কোনো প্রশংসাই ওর জন্য যথেষ্ট নয় । ওই রকম ফিলজফিকাল কথা এ ঘট থেকে বের হবে না ভাই । তা তুমি এ সব শিখলে কোথা থেকে?

মুকুল ।।   কোন কথা? কী ফিলজফি? কিছুই তো বুঝছি না – কি বলছো তুমি?

মন্দার ।।   আরে সেই অন্ধকার ঘর যেখানে সব মিলে মিশে যায়, আনন্দ ফুরায় না এটসেট্রা এটসেট্রা

মুকুল ।।   অন্ধকার ঘর? মানে? এসব আমি কখন বললাম?

মন্দার ।।   আরে এতো বেশ রসিক হয়ে উঠল এর মধ্যেই? তবে আমার কিন্তু বেশ লাগছিলো শুনতে – যেন কত চেনা কথা – জানা কথা – অথচ মনে রাখতে পারি না ।

মুকুল ।।   আমি তো কিছুই বুঝতে পারছি না কী বলছ –

ইন্সপেক্টর।।   আমিও ঠিক ধরতে পারলাম না কিন্তু আপনি কী বলছেন ।

মন্দার ।।   আরে স্যার – আপনিও যোগ দিলেন আপনার ছেলের সাথে – এত কাণ্ডর পরেও হিউমার?

ইন্সপেক্টর।।   আপনি একটু খোলসা করে বলবেন কী মিন করছেন–

মন্দার ।।   স্যার খোলসা করার কী আছে? আপনি নিজেই একটু ব্যাক করে শুনে নিন না । পোখরার পরের এপিসোডটায় মুকুলবাবু আমাদেরকে অন্ধকার ঘরে ঠেলে দিয়ে কী দারুন কানামাছি খেলল । ওটা তো পুরোপুরি স্ক্রীপ্টের এর বাইরে ।

মুকুল ।।   পোখরার পরে মানে? আরে আমি তো তখন জল খাব বলে টেবিলের ওই বোতলটা থেকে যেই একটু খেলাম – ইস্ কী বিচ্ছিরি গন্ধ আর কী সাংঘতিক ঝাঁঝ – অনেক কষ্টে বমি আটকে রেখেছিলাম – আর তারপরেই কেমন মাথাটা ঝিম্ ঝিম্ করতে লাগল – খুব ঘুম পেয়ে গেল । আর, আর তো কিছু মনে নেই –

মন্দার ।।   সে কী – ওটাতে ত ভোদকা ছিল – তুমি ওটা কখন খেয়ে ফেললে আবার?

ইন্সপেক্টর।।   কিন্তু মিঃ বোস, আপনি বাইরে এসে আমাদের বলে গেলেন আর পাঁচ মিনিটের মধ্যে ঢুকতে – তার মাঝে তো আর বিশেষ কথাবার্তা ছিল না । ভেতরে এসে আপনি রোহিত বোসের মার্ডারটা কনফেস করালেন আর তারপর হাজরা আপনাকে ডাম্প করার অর্ডার দিল । আর আমরাও সাথে সাথে এন্ট্রি নিলাম – আমি পুরো ঘটনাটা ওভার দ্য ফোন শুনছিলাম

মন্দার ।।   কী বলছেন আপনারা – মুকুল ঘুমচ্ছিলো?

মুকুল ।।   হ্যাঁ – এই তো তোমরা ডাকলে তারপর উঠলাম
–

মন্দার ।।   আর ও কিছুই বলে নি?

মুকুল ।।   ঘুমিয়ে ঘুমিয়ে বলবো কী ভাবে?

[আলো ছোট হয়ে কেবল মন্দার বোসকে ধরে । বাকিরা আলোর বাইরে এলে আস্তে আস্তে মঞ্চ থেকে প্রস্থান করে । মন্দার বোস সামনের দিকে এগিয়ে যেতে যেতে বলতে থাকে]

মন্দার ।।   তা হলে ওই কথাগুলো কার? সেই জায়গার কথা যেখানে সব কিছুর সবার সাথে মিশে যায় – একবার মিশে গেলে যেখানে আনন্দ ফুরায় না – ভালোলাগা ফুরায় না – খুশি ফুরায় না – কার কথা? কে বলল আমার কানে? একটা বাচ্চার গলা – সেটা – সেটা কি – আমার ভেতরের সেই ছোটবেলার আমিটা – বড় হতে হতে যেটা হারিয়ে গিয়েছিল – ওটাই কি তাহলে পিওর কন্সাস্নেস – খুঁজে পাওয়া যায় তাকে? আমার মনটা যেন আনন্দে ভরে উঠছে আজ – খুশী চারিদিকে শুধু খুশি – একী হলো আমার আজ? সব কিছু অদ্ভুত ভাল লাগছে – আমি আনন্দে হারিয়ে যাচ্ছি – ডুবে যাচ্ছি আমি আনন্দের বানভাসিতে – এ যে এ যে একটা দারুন স্বপ্ন – না না স্বপ্ন না – এটা রিয়েলিটি – আমার এক্সপেরিয়েন্স – এযে ঘোর বাস্তব – ঘুমের মধ্যে দেখা কোনো স্বপ্ন নয় –

[প্রায় অন্ধকারে পিছন দিয়ে খুব ধীর পায়ে গিরিধারী ঢোকে – যেন কাউকে একটা খুঁজছে – দুজনেই মঞ্চের একেবারে সামনে এসে দাঁড়ায় । আলো খালি দুজনকেই ধরে ।]

গিরিধারী।।   বউমা – বউমা – কই গ্যালা – এখনো ঘুমাইতাস? আর কত ঘুমাইবা – এইদিকে যে সময় চইল্যা যাইতাসে

মন্দার ।।   কাউকে খুঁজছেন নাকি স্যার?

গিরিধারী।।   নাঃ খুজুম ক্যান? ঘুম ভাঙ্গাইতাসি –

মন্দার ।।   কেন? ঘুমোক না – যে যত পারে ঘুমোক – যতক্ষণ ঘুমাবে ততক্ষণই তো সব শান্ত ।

গিরিধারী।।   না – যতক্ষণ ঘুমাইবো ততক্ষণ স্বপ্ন দেখবো – খালি নিজেরে নিয়া স্বপ্ন – হারাইয়া যাবার স্বপ্ন – আ-আপনে – আপনে কাউরে খুঁজতাসেন নাকি?

মন্দার ।।   আমি – আমি পেয়ে গেছি, যাকে খুঁজছিলাম তাকে এই একটু আগে পেয়ে গেছি । আমার হারিয়ে যাওয়া আমিটাকে খুঁজে পেয়ে গেছি –

গিরিধারী।।   কন কী? তারে পাওন যায়? তা কেমনে পাইলেন?

মন্দার ।।   ভেরি ইজি । যেদিন রত্নাকরের মত টের পেলাম যে আমার চারিদিকটা ভীষণ নোংরা করে ফেলেছি সেদিন এটাও বুঝলাম যে সেই নোংরাগুলো আমাকেই সাফ করে ফেলতে হবে – আর কেউ না, ব্যস তারপর থেকে ঝাড়ু নিয়ে নেমে পড়লাম । যত

সাফ করছি তত আমার সেই ভালোলাগার আমিটা পরিষ্কার হতে লাগলো । আর এখন তো স্পষ্ট শুনি তার কথা ।

গিরিধারী।।   বাঃ যত ময়লা সাফ করতাসেন তত বেশি পরিষ্কার কথা শুনতাসেন?

মন্দার ।।   খালি শুনছি না বলছিও । সে সর্বক্ষণ আমার সাথে সাথে থাকে । আমার বাইরের আমিটার সাথে সাথেই চুপচাপ ঘুরতে থাকে, সবসময় –

গিরিধারী।।   বাইরের আমি?

[রেস্ট্রামে গান্ধারী]

গান্ধারী ।।   আমাকে বিস্মৃতি দাও কেশব, আমাকে ভুলতে দাও কুরুক্ষেত্রের সেই ভয়ঙ্কর অভিজ্ঞতা । নিদ্রাহীন আমি । যন্ত্রণা আর ভয় আমার সর্বক্ষণের সঙ্গী । ক্রোধ আমার অন্তরকে সর্বদা ভস্মীভূত করছে, তাই আমি একান্তে, নিভৃতে, শয়নে, স্বপনে, চলনে, গমনে কেবল তোমার সর্বনাশ কামনা করি । আমার কুরুকুলকে সংহারের পথে তুমি একমাত্র তুমিই চালনা করেছো কেশব । বাকিরা সব তোমার আজ্ঞা পালন করেছে মাত্র । তাই সকলকে আমি ক্ষমা করলেও তোমাকে আমি কেবল ঘৃণার অধিক আর কিছুই করতে পারি না – তুমি নির্বংশ হবে মাধব – কুলহীন হবে তুমি – জ্ঞাতি হারা হবে তুমি –

[গান্ধারীর আলো কাটে]

মন্দার ।।   ওই যে ওটা, শুনতে পাচ্ছেন, ওইরকম ভাবে মাথার মধ্যে যেটা সবসময় চিৎকার করে ওটাই বাইরের আমি, যে

আর কাউকে ঢুকতে দেয় না, কারোর কথা ভাবতে দেয় না, কারোর কথা শুনতে দেয় না – সারাক্ষণ শুধু আমি আমি করে একটা খুউব ছোট্ট গণ্ডিতে নিজেকে বন্দী করে রাখে আর নিজের সবকিছুর জন্য অন্যদের দায়ি করে - সেটাই বাইরের আমি –

গিরিধারী।। ঠিক কইসেন, মাথার মধ্যে এই আমার আমার মন্ত্রণাই তো সারাক্ষণ চলতাসে – তা হেইডারে টপকাইয়া সেই ভালোলাগার আমিটারে পাইলেন কেমনে?

মন্দার ।। খুব সোজা । তাকে পেতে গেলে শুধু চুউপ করে থাকতে হয় যে –

গিরিধারী।। কেবল চুপ কইরা থাকলেই হয়?

মন্দার ।। হ্যাঁ – একদম চুপ করে থাকলে তার কথা শোনা যায় । একদম চুপ । চোখটা বন্ধ করে চুপ করে থাকলে পাওয়া যায় তাকে, সে আস্তে আস্তে কথা বলতে শুরু করে, তার কোন সীমানা থাকে না । সে খালি বাড়তে চায় – প্রশ্ন করে করে জানতে চায় – একটা সুবিশালকে ছুঁতে চায় – চুপ করে দেখুন –একদম চুপ – নিঃশ্বাসও শোনা যায় না যেন – ৫,৪,৩,২ - কি কিছু শুনতে পাচ্ছেন? ভেতর থেকে কেউ কিছু বলার চেষ্টা করছে?

গিরিধারী।। স্ স্ স্ - হ হ শুনতাসি তো – শুনতাসি – পষ্ট শুনতাসি আমার কথা – আপনে চুউপ কইরা থাকেন – কোনো শব্দ কইরেন না – একদম চুউউউপ –

[টিক টিক করে ঘড়ির শব্দ শুরু হয় । দুজনে কানে কান ঠেকিয়ে, ঠোঁটে আঙ্গুল দিয়ে চুপ করার ভঙ্গিতে দাঁড়ায় । এক মনে নিজের

ভেতরের কথা শোনার চেষ্টা করে । রোস্ট্রাম থেকে কৃষ্ণ ধীরপদক্ষেপে বলতে বলতে সামনে এসে দুজনের মাঝখানে এসে দাঁড়ায়]

কৃষ্ণ।। এই বিশ্বে যা কিছু ঘটছে, সব কালের নিয়ম মেনে চলে আসছে। সমগ্র ব্রহ্মাণ্ড সর্ব সময়ে নিজেকে প্রসারিত করছে, সদা সর্বদা নিজের গণ্ডিকে অতিক্রম করছে, অনন্তের উদ্দেশ্যে এই যাত্রার কোন বিরাম নেই, শেষ নেই ।ক্ষুদ্র এককোষ থেকে এই মনুষ্য দেহের বিবর্তন হতে যে লক্ষ কোটিবার পৃথিবীর সূর্যকে প্রদক্ষিণ করতে হয়েছে, তার প্রতিটা মুহূর্তে সকল প্রাণী তার পরবর্তী উন্নত অবস্থায় যাবার জন্য নিজেকে প্রসারিত করেছে । যারা নিজেকে আপন গণ্ডির মধ্যে আবদ্ধ রেখে সুখনিদ্রায় স্বপ্ন দেখে কেবল একা তৃপ্ত থাকার নিষ্ফল প্রয়াস করে চলেছে তারা কালের নিয়মে নিজের অন্তরের অনলের দাবদাহে ভস্মীভূত হয়েছে, এটাই কালের নিয়ম, জগতের নিয়ম, আমার নিয়ম । জন্ম মৃত্যু কালের অধীনে চক্রাকারে যায় আসে, আর প্রতিবার সকল প্রাণীকে আরও উন্নত হবার পথ প্রশস্ত করে – আমাদের একান্ত ধর্ম জীবনকে প্রসারিত করা, ব্রহ্মাণ্ডের সাথে যোগ স্থাপন করা, সকল সৃষ্টি সাথে একাত্ম হওয়া, সীমাহীন অনন্তকে নিজের মধ্যে অনুধাবন করা – জন্ম মৃত্যুর এই দুই অঙ্কের মাঝেই রয়েছে অনন্তে প্রসারিত হবার তৃতীয় অঙ্ক –

নেপথ্য সঙ্গীত ।।

স্বস্ত্যস্ত বিশ্বস্য খলঃ প্রসীদতাম্
ধ্যায়ন্তু ভূতানি শিবম্ মিথোধিয়া ।

মনশ্চ ভদ্রম ভজতাদধীক্ষজে

আবেশ্যতাম্ নো মতিরপ্যহৈতুকী ।।

হরি ওঁ – হরি ওঁ – হরি ওঁ তৎসৎ – হরি ওঁ

[কৃষ্ণ ডান হাত চক্রাকারে মাথার উপর ঘোরাতে থাকে, বাঁ হাতে বরাভয় । তিনজন মিলে একটা কম্পোজিশান তৈরি হয় । একটা আলোর বৃত্ত তিনজনকে ধরে থাকে আর ক্রমশ ছোট হতে থাকে । নেপথ্যে শ্লোক শুরু হবার সাথে সাথে পর্দা নামে ।]

- সমাপ্ত -

ইতি, আমি

চরিত্রলিপি

বুদ্ধ ব্রহ্ম -

স্মৃতি মিত্র -

পরিচয় বোস -

ডাক্তার -

নার্স -

ভেঙ্কটেস নায়ার -

প্রমোদ গুলাটি -

ববি ব্রহ্ম -

জীষা নায়ার -

প্রফেসর মিত্র -

চিত্র গুপ্ত -

গায়েন / নাচিয়ে – ৬ জন -

প্রথম প্রবাহ

[পর্দা ওঠে । মঞ্চের পিছনদিকের মাঝামাঝি একটা রস্ট্রামে হাসপাতালের এক্সিকিউটিভ স্যুট । বেডে একজন মধ্যবয়স্ক মানুষ অর্ধচেতন অবস্থায় শুয়ে । মঞ্চের এই অংশটা কেবল ওপর থেকে নীলাভ আলোয় দেখা যায় বাদবাকি অংশ মূলত আবছা বা অন্ধকার । মানুষটি খানিকটা নড়াচড়া করে, মুখ থেকে অস্ফুট আওয়াজ ছাড়া আর কিছুই শোনা যায় না – প্রায় ১০-১৫ সেকেন্ড সব নিস্তব্ধ । মানুষটা এর পর খুব কষ্ট করে আস্তে আস্তে উঠে বসে, তার চোখে মুখে ভীষণ ক্লান্তির ছাপ, একটু কাশে, তার চারিপাশটা দেখে একটা ঘোরের মধ্যে থেকে বলতে শুরু করে]

বুদ্ধ ।।   আ-আমি কোথায়? এটা কি? এতো অন্ধকার? কী ভীষণ ঠান্ডা – আমি এলাম কি করে এখানে? কে আমায় এখানে নিয়ে এলো? আমি-আমি কে? তবে? তবে কি আমি মৃত? কিন্তু আমার দেহটা তাহলে কোথায়? সেটা তো কোথাও শুয়ে বা পড়ে থাকবে অন্তত: । এতো আমি একা আর এইতো আমার দেহ আমার সাথেই রয়েছে – এই মাথা – হাত ডান, বাঁ – এইতো আমার পা দুখানা – স্পষ্ট অনুভূতি আছে – কোনো হাল্কা ভাব নেই তো? এইতো বুকের কাছটা ধুক ধুক করছে । বেশ এটা অন্তত বোঝা গেল যে আমি জীবন্ত এক প্রাণী । কিন্তু এত ঠান্ডা কেন? এটা কি মর্গ? মৃত ভেবে আমাকে রেখে গেছে অথচ দিব্যি বেঁচেবর্তে আছি – নাঃ এই তো খাটে বসে আছি – তাহলে তো মর্গ নয় – তাহলে আমি এখানে এলাম কেন? আর এই আমিটাই বা

কে? কিচ্ছু মনে পড়ছে না তো? আমি অবশ্যই একজন জীবিত মানুষ কিন্তু সেটা তো বেঁচে থাকবার জন্য যথেষ্ট নয় – আমার নিশ্চই একটা পরিচয় আছে সেটা ইমিডিয়েটলি জানা দরকার তাহলে হয়তো স্মৃতি ফিরে পাবো – হ্যালো – হ্যালো কেউ আছেন এখানে? কেউ শুনতে পাচ্ছেন আমায়? হ্যালো হ্যালো –

[ওপর থেকে একটা আলো জ্বলে ওঠে । একজন ৩৫।৪০ বয়সের মহিলাকে দেখা যায় বেডের বাঁ পাশে এক হাতের উপর ভর দিয়ে এক দিক হেলে বসে রয়েছে । জমকালো আকর্ষক পোষাক, চড়া মেকাপ, মুখে একটা সবসময়ে লেগে থাকা স্মিত হাসি । এনার নাম স্মৃতি মিত্র, হাতে একটা ট্যাব]

স্মৃতি ।।   কাউকে খুঁজছেন?

বুদ্ধ ।।   কে? কে আপনি? এলেন কোথা থেকে? আপনাকে তো দেখতে পাইনি আগে? আর দরজা তো বন্ধ, ঢুকলেন কিভাবে? একপ্রকার নিঃশব্দে –

স্মৃতি ।।   [হালকা হেসে] বাব্বা একদম জেরা শুরু করলেন যে? আমার নাম স্মৃতি, স্মৃতি মিত্র – আপনার কাছেই ছিলাম বুঝতে পারেন নি । কিছু একটা মনে করবার চেষ্টা করছিলেন না?

বুদ্ধ ।।   হ্যাঁ হ্যাঁ – কিন্তু তার সাথে আপনার কি সম্পর্ক? আমি তো অনেক কিছুই করার চেষ্টা করতে পারি কিন্তু তাই বলে আপনি কেন? আর আপনি জানলেনই বা কেমন করে যে আমি কিছু একটা ভুলে গেছি?

স্মৃতি ।।   [হালকা হেসে] আমাকে বাইরের কেউ ভাববেন না । আমি আপনার একান্ত আপন খুব কাছের একজন, এককথায় আপনার স্মৃতি বলেই জানবেন –

বুদ্ধ ।।   য়্যাঁ! এতো কাছের অথচ আমি তো আপনাকে চিনতে পারছি না? [স্বগতোক্তি করে] আসলে কোনো কিছুই মনে করতে পারছি না –

স্মৃতি ।।   [হালকা হেসে] আমি আছি তো মনে করিয়ে দেবার জন্যে । আপনার জীবনের সব ডেটা আমার ট্যাবে পরপর সাজানো আছে – একদম টেনশান করবেন না । হ্যাঁ তা কি যেন তখন থেকে মনে করবার চেষ্টা করছিলেন?

বুদ্ধ ।।   য়্যাঁ! আমার সব ডেটা আপনার ট্যাব দর্পণে?

স্মৃতি ।।   [হালকা হেসে] সেই ছোটবেলা থেকে সব কিছু – বলুন কি জানতে চাইছেন?

বুদ্ধ ।।   আপাততঃ নামটা উদ্ধার করতে পারলেই অনেক – আমার নামটা কিছুতেই মনে করতে পারছি না জানেন? আচ্ছা আমার কি স্মৃতিভ্রষ্ট হয়েছে বলে মনে হয় আপনার?

স্মৃতি ।।   [হালকা হেসে] কেন ভ্রষ্টাতে যাবো কেন? এই তো আমি সম্পূর্ণরূপে রয়েছি আপনার সামনে । আপনার নামটা তো এক্ষুনি বলে দিচ্ছি আর তারপরেই দেখবেন সব একে একে চলে আসবে । মানে আপনি আমায় একটা একটা করে প্রশ্ন করবেন আর আমি টকাটক করে সব বলে দেব –

বুদ্ধ ।।   বলে দেবেন মানে? আমার সব প্রশ্নের উত্তর আপনি দিয়ে দেবেন? বললেই হল?

স্মৃতি ।।   আজ্ঞে হ্যাঁ বললেই হল । আপনার জীবনের সব ঘটে যাওয়া মুহূর্ত সব আমার এখানে জমা – এমনকী আপনি কি দেখে, কি শুনে, কি পড়ে, সব মনের গভীরে পুষে রেখেছেন সব আমার এই হার্ডডিস্কে গচ্ছিত রয়েছে । কি বিশ্বাস হচ্ছে না তো?

বুদ্ধ ।।   বিশ্বাস করি কি করে বলুন তো? আমার সব কিছু মানে ভূত ভবিষ্যৎ সব আপনার ওই ওটার মধ্যে –

স্মৃতি ।।   খালি   ভূত   –   ভবিষ্যতটা   আমার   আওতার বাইরে।

বুদ্ধ ।।   আমার জীবনী মুখস্থ করে ফেলেছেন? আশ্চর্য মানুষ তো আপনি? আর কোনো কাজ পান নি? আমার সমস্ত ঘটে যাওয়ার ইতিহাস বয়ে বেড়াচ্ছেন? আচ্ছা আমার নামটা – নামটা বলুন এবার – তারপর না হয় ধাপে ধাপে এগোনো যাবে –

স্মৃতি ।।   বুদ্ধ –

বুদ্ধ ।।   বুদ্ধ? খালি বুদ্ধতে তো কোনো মানে দাঁড়াচ্ছে না । সাথে একটা কিছু তো থাকবে?

[বেডের ডান পাশে ওপর থেকে আলো জ্বলে ওঠে । একজন পুরুষকে দেখা যায় – স্যুটেড-বুটেড এক্সিকিউটিভ পোশাকে চেয়ারে বসা । ব্যক্তিটির নাম পরিচয় বোস – অত্যন্ত গাম্ভির্যপূর্ণ আভরণ – সে এইবার বলে ওঠে]

পরিচয় ।।   ব্রহ্ম – বুদ্ধ ব্রহ্ম । এইবার মানেটা দাঁড়াচ্ছে?

বুদ্ধ ।।   [চেঁচিয়ে] কে? কে? কে আপনি? আপনিই বা এলেন কোথা থেকে? এতো একরকম এয়ার ড্রপড –

পরিচয় ।।   সরি এইরকম চমকে দেবার জন্য । আমিও আপনার পাশেই ছিলাম ঠিক ওনারই মতন । এতক্ষণ আপনি স্মৃতি মন্থন করছিলেন বলে আমায় খেয়াল করেন নি । আপনার নামের মানে দাঁড় করাতে গিয়ে আমায় নজরে পড়ল । আমি পরিচয় বোস – আর আপনি হলেন গিয়ে –

বুদ্ধ ।।   বুদ্ধ ব্রহ্ম?

পরিচয় ।।   একজ্যাক্টলি –

বুদ্ধ ।।   কিন্তু আপনাকেও তো ঠিক চিনতে পারলাম না মিঃ বোস?

পরিচয় ।।   [হালকা হেসে] আমি যদিও আপনার সাথে সাথেই থাকি কিন্তু স্মৃতি দেবীর জৌলুস টপকে আমার হদিশ পাওয়াটা বেশ কঠিন । আসলে আমরা দুজনেই আপনার সাথেই থাকি সারাক্ষণ – কিন্তু ফেমিনিনিটি ফ্যাক্টরটা তো বেশ কালারফুল তাই ওনার সাথে আপনার মাখামাখিটাও অনেক বেশি । তবে আপনার প্রতিটা পদক্ষেপে আমার একটা স্ট্রং ইনফ্লুয়েন্স থাকে । যদিও সেটা ঝট করে বোঝা যায় না –

বুদ্ধ ।।   উঃ । সব কিরকম ঘোলাটে লাগছে । আচ্ছা আমি সুস্থ আছি তো? নাকি অলরেডি অন্য জগতে পৌঁছে গেছি আর আপনারা সেখানকারই বাসিন্দা তাই আপনাদের কোনো কথারই বিন্দুবিসর্গ বুঝতে পারছি না –

পরিচয় ।।   একদম সুস্থ আছেন স্যার । ম্যাডাম স্যারের প্যারামিটার্স সব কি বলছে?

স্মৃতি ।।   একটা অবস্ট্রাক্টিভ ডিসঅর্ডার হয়েছিল তবে এখন অল ক্লিয়ার । এভরিথিং ও কে – বিপি, হার্ট রেট, হিমোগ্রাম, সোডিয়াম-পটাসিয়াম সব উইদিন নর্মাল রেঞ্জ । আপনি আস্তে আস্তে আনকন্সাস স্টেজ থেকে বেরিয়ে আসছেন – আর তার সাথে পরিচয় আর আমিও আপনার সাপোর্টে চলে এসেছি যখন তখন আর চিন্তা নেই –

বুদ্ধ ।।   আপনাদের সাপোর্ট মানে?

পরিচয় ।।   মানে যতক্ষণ আপনি আনকন্সাস ছিলেন ততক্ষণ আমরা আপনার এক্সেস পাচ্ছিলাম না । এই যে আপনার মনে প্রশ্ন আসছে মানে আমরা আবার আপনার সাপোর্টের কাজে লেগে পড়বো । খুব ন্যাচেরালি হবে ব্যাপারটা, তাই আপনি বুঝতেই পারবেন না । এতদিন যেমন পারতেন না । যাকগে আপনার নামের মানেটার কিছু দাঁড় করাতে পারলেন?

বুদ্ধ ।।   বুদ্ধ ব্রহ্ম । হ্যাঁ হ্যাঁ কেমন একটা আবছা চেনা চেনা লাগছে যেন – তবে ।

পরিচয় ।।   ক্লারিটি আসবে । আস্তে আস্তে । আপনি বরং একটু শুয়ে পড়ুন – হ্যাঁ রিল্যাক্স – এবার চোখ বন্ধ করে ভাববার চেষ্টা করুন – এক মনে ভাবতে থাকুন –

[বুদ্ধ শুয়ে পড়ে – আলো ছোট হয়]

স্মৃতি ।।   বুদ্ধ ব্রহ্ম – ব্রহ্ম ইন্ডাস্ট্রিজ লিমিটেড – তার ৫৫% শেয়ার হোল্ডার –

পরিচয় ।।   একপ্রকার সর্বময় কর্তা । যদিও অন্যন্য স্টেক হোল্ডাররা আছেন, তবুও সবাই জানে যে আপনিই কর্ণধার । আপনার কথাতেই সেখানকার সূর্য চন্দ্র ওঠানামা করে –

স্মৃতি ।।   সেই সাথে আরও ছটা কোম্পানির বোর্ড মেম্বার । স্পোর্টস কাউন্সিলের চেয়ারম্যান, ফ্র্যাঞ্চাইজি টিমের মালিকানা –

পরিচয় ।।   বণিক সভার হাই প্রফাইল এক্সিকিউটিভ, দেশের ট্যাক্স স্ট্রাকচারে আপনার পরামর্শ ছাড়া কোনো ডিসিশান এগোয় না–

স্মৃতি ।।   দুবাই, মরিশাস আর জুরিখে কম করে ১০টা ব্যাঙ্কে আপনার একাউন্ট । তাতে আছে বিপুল পরিমাণে ডলার আর ইউরো । ইন্টারন্যাশনাল কন্টাক্ট থেকে ওইসব একাউন্টগুলো ফান্ডেড হয়

পরিচয় ।।   মিনিস্ট্রি অফ ফাইনান্স থেকে শুরু করে নীতি আয়োগ সর্বত্র আপনার অবাধ প্রতিপত্তি, পাওয়ার আপনার পেছন পেছন ফলো করে –

স্মৃতি ।।   আর তার সাথে রয়েছে স্টক মার্কেটের কন্ট্রোল । ইন্টারনাল ট্রেডিং আপনাদের টাইম পাস –

পরিচয় ।।   আপনারাই দেশের ইকনমিক ইন্ডেক্স । জিডিপি আপনাদের কথায় ওঠে বসে, ক্রিসিল আপনাদের ছায়া মাত্র, ফাইনানশিয়াল ইনস্টিটিউটগুলো আপনাদের আশীর্বাদের জন্য চাতক পাখির মতন অপেক্ষা করে –

বুদ্ধ ।।   উঃ আস্তে আস্তে – একসাথে এতসব আমি নিতে পারছি না । আমার মাথাটা ঝিম ঝিম করছে । প্লিজ একটু

থামুন এবার । আমায় একটু স্থির হতে দিন, উঃ একটু দম নিতে দিন – [হাঁফাতে থাকে । কিছু একটা খোঁজার চেষ্টা করে] – জল – জল খাবো আমি – একটু জল পাবো কোথায় বলতে পারেন?

স্মৃতি ।।   জল তো আপনি নিজে কখনো নিয়ে খান নি –

পরিচয় ।।   আশ্চর্য এই রকম সেভেন স্টার হসপিটালে – এই রকম একজন হাই প্রোফাইল গেস্ট – অথচ কোনো আটেন্ড্যান্ট নেই? আপনাকে লিটারেলী একা ফেলে রেখে গেছে । সাহস কতখানি এদের । ডাকুন সব্বাইকে, লাইন দিয়ে দাঁড় করান সব কটাকে । ওই তো বেডের পাশে কলিং বেলের সুইচ – টিপে বসে থাকুন – লেট দেম নো হু ইজ কলিং –

[বুদ্ধ বেডের পাশে ঝোলানো একটা সুইচ টিপে ধরে – তীব্র আওয়াজে কলিং বেল বেজে ওঠে – প্রায় সাথে সাথেই একজন নার্স আর ডাক্তার ছুটে আসে]

নার্স ।।   ওঃ! স্যার আপনার জ্ঞান ফিরেছে? ডক্টর, স্যারের জ্ঞান ফিরেছে উনি বেল বাজালেন – কোনো কষ্ট হচ্ছে নাকি স্যার?

ডাক্তার ।।   আর ইউ ও কে স্যার?

বুদ্ধ ।।   জল – আমায় একটু জল দিন তো –

ডাক্তার ।।   সিস্টার জল খাবেন উনি – কুইক । তবে পুরো গ্লাস দেবেন না । অল্প – আস্তে আস্তে খাওয়ান – একদম স্ট্রেস নেবেন না স্যার । এই অবস্থায় ইসোফেগাল ফাংশান পুরোপুরি সিঙ্ক্রোনাইজ্ড থাকে না – তাই বিষম লেগে যেতে পারে –

[নার্স আস্তে আস্তে জল খাওয়ায় । জল খেয়ে বুদ্ধ খানিকটা স্বাভাবিক হয়]

পরিচয় ।।   আ বাঞ্চ অফ ক্যালাস । একটু জল খাবার জন্য একটা হিউ এন্ড ক্রাই ঘটাতে হলো, হরিব্‌ল কমিটমেন্ট –

স্মৃতি ।।   অথচ এই হসপিটাল গ্রুপ ইস্টার্ন ইন্ডিয়াতে এক প্রকার আপনারই হাত ধরে এন্ট্রি পেয়েছিলো ।

পরিচয় ।।   তার পরেও দিস ইজ দ্য এটিট্যুড – সো ক্যাজুয়াল –

বুদ্ধ ।।   [ডাক্তারের উদ্দেশে] আপনি?

ডাক্তার ।।   আমি ডঃ অবিনাশ ব্যানার্জী স্যার – আজ রাতে আমি আপনার এক্সক্লুসিভ আর এম ও

বুদ্ধ ।।   আর এইটা কি সেই এক্সক্লুসিভনেসের নমুনা? আমাকে এই ঘরে একা ফেলে রেখে হুম ওয়্যার ইউ একচুয়ালি এটেন্ডিং ডক্টর? [নার্সের দিকে ইঙ্গিতপূর্ণ ভাবে তাকায়]

ডাক্তার ।।   আ-আপনি ঠিক কি মিন করছেন স্যার? আই এম রেসপনসিবল ফর ইউ অনলি –

বুদ্ধ ।।   রেসপনসিবল? আর ইউ কেপেবল অফ রেসপন্ডিং টু এনিথিং? এটা রুম না মর্গ? ক্যান ইউ নট ফীল দ্য টেম্পারেচার ইভেন? নিউমোনিয়া ধরানোর প্ল্যান করেছেন নাকি? গো এন্ড সেট ইট প্রপারলি – যান –

ডাক্তার ।।   সিস্টার যান – এসিটা রেগুলেট করতে বলুন – কুইক

বুদ্ধ ।।   কেন? আপনার কী প্রবলেম? আপনি যাবেন না কেন? আমি তো আপনাকে অর্ডার দিলাম কাজটা করবার জন্য – যান – ড্রু ইট রাইট নাও । [নার্সের দিকে ফিরে] আপনি – হ্যালো আপনি – হ্যাঁ আপনাকে বলছি । এইবার ওনাকে ছেড়ে আমার দিকে একটু নজরটা দিন – ব্ল্যাঙ্কেটটা ঠিক করুন – বালিশটা ভাল করে সেট করুন – দাঁড়িয়ে দেখছেন কি?

[ডাক্তার হন্তদন্ত হয়ে বেরিয়ে যায় । নার্স ইতস্তত হাতে কম্বলটা ঠিক করতে থাকে । বুদ্ধ আকস্মাৎ তার হাতটা চেপে ধরে]

তোমার ডিউটি আমাকে দেখাশুনা করা মাই ফেয়ার লেডি । কাজেই আমি যতক্ষণ আছি ততক্ষণ আমার কাছে থাকবে কেমন? কাছাকাছি নয় একেবারে কাছে এসে থাকবে – ও কে?

[হাতটা ছেড়ে দেয়, নার্স অত্যন্ত ভয়ে তার কম্বল, বালিশ ঠিক করতে থাকে]

স্মৃতি ।।   কোয়ায়েট ফেয়ার ইনডিড । আপনার প্রচুর ফেয়ারী টেলসএর আর একটা এডিশান মাত্র –

পরিচয় ।।   তার কারণ ইউ হ্যাভ দ্য প্রিভিলেজ টু চুজ । পেটি কম্পালসিভ মোনোগ্যামাস লাইফের মোনোটনি কি আর আপনাদের জন্য? তার জন্য আছে মরালিস্ট সাধারণ পাবলিক –

স্মৃতি ।।   নাথিং রঙ ইন গোইং অন উইথ ন্যাচারাল সিলেকশান । আফটার অল আমরা কিন্তু প্রাকৃতিক জীব । তার ইন্সটিঙ্কটগুলোকে ইগ্নোওর করে কনফিউশান নিয়ে বাঁচার কি মানে? লাইফ ইজ নট অ্যান এন্ডলেস জার্নি, ইট ইজ অনলি ওয়ান

। অ্যান্ড ইভিনিং ইজ স্টিল ইয়ং । এনজয় ইট – কে কোয়েশ্চেন করবে? হু কেয়ার্স?

পরিচয় ।।		বুদ্ধ ব্রহ্মরা স্ক্যান্ডেল নিয়ে ভাবে না । স্ক্যান্ডেলের ডেফিনিশান তৈরি করে – আর তা নিয়ে গোটা দেশকে ডিবেটে লড়ায় –

বুদ্ধ ।।		এবার একটু থামুন আপনারা । কন্সট্যান্টলি বাজে বকে যাচ্ছেন –

নার্স ।।		কিছু বললেন স্যার –

বুদ্ধ ।।		উঁ? না – তোমাকে না । তুমি এই চেয়ারটা নিয়ে আমার পাশে বস । এই আপনারা এইবার যেতে পারেন আমার একটু প্রাইভেসি দরকার এখন –

নার্স ।।		আপনি কাকে যেতে বলছেন স্যার? এখানে তো আমি ছাড়া আর কেউ নেই? আপনি ঠিক আছেন তো?

বুদ্ধ ।।		আরে ওই তো দুজন দাঁড়িয়ে । তোমার পেছনে । তখন থেকে বক বক করেই চলেছে । কি হলো যান আপনারা –

নার্স ।।		কিন্তু এখানে তো কেউ নেই । বিশ্বাস করুন খালি আমি ছাড়া আর কেউ নেই এ ঘরে । আপনি একটু শান্ত হোন স্যার । আমি বরং ডক্টর ব্যানার্জীকে ডেকে আনছি –

[একপ্রকার দৌড়ে বেরিয়ে যায়]

বুদ্ধ ।।		না না – কাউকে ডাকবার দরকার নেই । নার্স – হ্যালো নার্স । ধ্যাৎ চলে গেল, আচ্ছা আপনারা এখনো দাঁড়িয়ে

কেন? দেখলেন তো আপনাদের জন্যই মেয়েটি কেমন ভয়ে পালালো । আর তাছাড়া এটা নিশ্চই ভিজিটিং আওয়ার না – সো প্লিজ লিভ দিস রুম নাও –

পরিচয় ।।		আপনাকে প্রথমেই কি বলেছিলাম? আমরা সর্বক্ষণ আপনার সাথেই থাকি । সেটা যখন আপনিই আগে কখনো বুঝতে পারেন নি তো বাইরের একজন কীভাবে দেখবে? আমরা মেয়েটির ভয় পাবার কারণ নই আপনিই বরং একটু বেশি রিয়্যাকটিভ হয়ে পড়েছেন –

স্মৃতি ।।		আপনার হ্যাবিটের সাথে অবশ্য এই ধরনের বিহেভিয়ার কোয়াইট ন্যচেরাল ।

বুদ্ধ ।।		আপনারা কি তাহলে প্রেতাত্মা যে কেউ দেখতে পায় না? তাহলে আমি দেখছি কীভাবে? আমিতো বেঁচে আছি বলেই জানি –

স্মৃতি ।।		প্রেতাত্মা নয় তো? জাস্ট ভূত – আপনার পাস্ট – আপনার মেমরীজ –

পরিচয় ।।		আর আমি হলাম আপনার ছায়া । আপনারই ডিফাইন করা আইডেনটিটি । আমরা দুজনেই আপনার মাথার মধ্যে চলা অপারেটিং সিস্টেমটাকে সর্বক্ষণ আপনার চাহিদা মতন এলগরিদম সাপ্লাই করে চলেছি –

বুদ্ধ ।।		আপনারা আমার মাথার মধ্যে? তাহলে দেখছি কীভাবে?

পরিচয় ।।   কে বললো দেখছেন? স্বপ্ন কি আপনি দেখেন নাকি?

বুদ্ধ ।।   ওঃ তাহলে এটা একটা স্বপ্ন? যাক বাঁচালেন । তাহলে আমি হসপিটালে নেই – সকালে ঘুম ভাঙলেই নিজেকে আমার বেডরুমে ফেরত পাবো বলছেন –

স্মৃতি ।।   উমম – ঠিক তা নয় – আপনি হসপিটালেই আছেন – তবে –

পরিচয় ।।   আসলে আপনার এনার্জী লেভেলটা খুব নেমে যাওয়াতে আমাদের দুজনকে আইসোলেট করতে পারছেন । তাই আমাদের আলাদা ভাবে দেখছেন । সাধারণ অবস্থায় বুঝতেই পারেন না –

স্মৃতি ।।   নরমালি কেউই বুঝতে পারে না তার অপারেটিং সিস্টেমের এলগরিদম কীভাবে কাজ করে –

বুদ্ধ ।।   কিন্তু এই যে কথা বলছি?

পরিচয় ।।   থিঙ্কিং লাউডলি –

বুদ্ধ ।।   আর আপনাদের উত্তরগুলো?

স্মৃতি ।।   সেলফ জেনারেটেড – আপনারই এল্গরিদমের তৈরি সব –

বুদ্ধ ।।   উঃ! কি ভীষণ পরিস্থিতিতে পড়লাম রে বাবা যে নিজের তৈরি জগতেই ঘুরপাক খাচ্ছি । আচ্ছা পুরোটাই কি ভার্চুয়াল রিয়েলিটি মার্কা কিছু? গুগুল বা টেসলার নতুন কেরামতি?

পরিচয় ।।   পুরোটাই আপনার নিজস্ব তৈরি রিয়েলিটি । আপনার অভ্যন্তরীণ টপোগ্রাফি । তবে বেশি ভাববেন না – আর একটু সুস্থ হলেই আমরা আবার আপনার সাথে মিলেমিশে এক হয়ে যাবো । একদম সিমলেস একজিস্ট্যান্স

[ডাক্তার নার্সের সাথে কথা বলতে বলতে দ্রুত প্রবেশ করে]

ডাক্তার ।।   কি বলছেন ডেলিরিয়াম হচ্ছে? আর তার সাথে হ্যাল্যুসিনেট করছেন?

নার্স ।।   সে রকমই তো মনে হল । বলছিলেন যে ঘরে নাকি আরও দুজন আছে – তাদের বেরিয়ে যেতে বলছিলেন বার বার –

ডাক্তার ।।   স্যার কিছু অসুবিধা লাগছে? আপনি আর একটু ঘুমানোর চেষ্টা করুন – ইউ নিড সাম মোর রেস্ট

বুদ্ধ ।।   হ্যাঁ হ্যাঁ আমি ঠিক আছি । আপনারা আসতে পারেন – [নার্সকে] হ্যাঁ আপনিও – তবে কাছাকাছি থাকবেন –

ডাক্তার ।।   আমরা বরং এখানেই থাকি স্যার । আপনি কি আর একটু জল খাবেন?

বুদ্ধ ।।   উঃ আমাকে একটু একা থাকতে দিন না? বললাম তো দরকার হলে বেল বাজিয়ে ডেকে নেব – যান এখন ।

ডাক্তার ।।   ঠিক আছে, ঠিক আছে – আমরা পাশের ঘরেই আছি কোনো রকম অসুবিধা হলেই জাস্ট গিভ আস অ্যা কল । চলুন সিস্টার ওনাকে আরোও টাইম দেওয়া দরকার । সিডেটিভ

এফেক্টটা এখনও ভালই আছে । তাই এইরকম ইনকোহেরেন্ট বিহেভিয়ার -

নার্স ।।   হ্যাঁ বেশ অদ্ভুত ব্যবহার করছেন আমার সাথে । জানেন তো হঠাৎই খুব অসঙ্গত আচরণ করতে শুরু করেছিলেন উনি -

ডাক্তার ।।   একটু আধটু মিসবিহেভিয়ারকে তেমন সিরিয়াসলি নেবেন না । আর নিয়ে লাভও নেই । এই রকম হাই প্রোফাইল পেশেন্টের বিরুদ্ধে কে কেস দাঁড় করাবে বলুন তো? আর এখন এই অবস্থায় তো উনি সব সন্দেহের বাইরে -

নার্স ।।   কিন্তু আমার হাতটা ধরে যখন উনি একটা ইনডিসেন্ট মেসেজ দিচ্ছিলেন তখন কিন্তু ওনাকে এক বারের জন্যও এ্যবনর্মাল লাগেনি স্যার -

ডাক্তার ।।   বুঝলাম - স্টিল ট্রাই টু্য ফরগেট দ্য ইন্সিডেন্স । চলুন উনি একটু ঘুমানোর চেষ্টা করুক - [দুজনেই বেরিয়ে যায়]

বুদ্ধ ।।   নাঃ ঘুম টুম আমার কিস্যু আসবে না । আমার সব কেমন তালগোল পাকিয়ে যাচ্ছে । জেগে জেগে স্বপ্ন দেখছি নাকি তাহলে? উঃ - কিন্তু হাসপাতালে এলামই বা কি করে? কি হয়েছিলো আমার?

স্মৃতি ।।   হালকা বুকে চাপ - একটু শ্বাস কষ্ট - আর ব্ল্যাক আউট ফর ফিউ মিনিট্স্ - ব্যাস

পরিচয় ।।   আপনাদের মতো এবাভ দ্য ক্লাউড পার্সোনালিটিদের জন্য এটুকুই যথেষ্ট টু্য অক্যুপাই এ সুপার ডিলাক্স হসপিটাল স্যুট -

বুদ্ধ ।।   হ্যাঁ মনে পড়েছে এবার – ববির সাথে কনফ্লিক্টটা হঠাৎ করে একটা এক্সট্রিম লেভেলএ পৌঁছে গেছিলো । অতটা রিঅ্যাক্ট না করলেই পারতাম হয়তো ।

স্মৃতি ।।   কিন্তু শুধু কি সেটার জন্য? নাকি অফিসের সেই বিশেষ মিটিংটা? যেটা অনেক দিন পর মনে একটা ভয় এনে দিয়েছিলো – ধরা পড়ে যাবার ভয় – সবকিছু হারাবার ভয়

[বুদ্ধ আসতে আসতে রস্ট্রাম থেকে নেমে মঞ্চের বাঁ দিকে এক্সিকিউটিভ অফিসে আসে । পরিচয় একটা কোট পরিয়ে দেয় তাকে । স্মৃতি আর পরিচয় তার পেছনে এসে দাঁড়ায় । টেবিলের অপর প্রান্তে আরোও দুই মধ্যবয়স্ক এক্সিকিউটিভদের বসে থাকতে দেখা যায় । একজনের নাম প্রমোদ গুলাটি, কোম্পানির ডাইরেক্টর সেলস্ । অপরজন ভেঙ্কটেস নায়ার, কোম্পানির ফাইন্যান্স ডাইরেক্টর, দুজনেই যথেষ্ট উদ্বিগ্ন]

বুদ্ধ ।।   [ঢুকতে ঢুকতে প্রশ্ন করে] কী ব্যাপার? হোয়াট সো আর্জেন্ট এন্ড কনফিডেনসিয়াল যে ওভার দ্য ফোন ডিস্কাস করা গেল না –

ভেঙ্কটেস ।।   উই আর ইন ডীইপ শিট বস । সেনেটর ম্যাকগীল হ্যাভ ক্র্যাক্‌ড্ টু এফ বি আই

বুদ্ধ ।।   মানে? বি ক্লিয়ার –

ভেঙ্কটেস ।।   সেনেটরের ব্যাঙ্ক অ্যাকাউন্ট এফ বি আই এর ট্র্যাকিং এ ছিলো । আমাদের ফান্ড ট্রান্সফার হতেই দে জাম্পড অন হিম টু ইনভেস্টিগেট –

গুলাটি ।।	ইউ এস গভর্নমেন্টের শিপইয়ার্ড লজিস্টিকের বিড টা মোওস্ট প্রব্যাবলি উইল গো ফর হোল্ড টিল থিস ইনকোয়ারি ইজ ক্লোজড ।

বুদ্ধ ।।	ম্যাকগীল ছাড়া আর কে আমাদের কভারেজএ ছিলো?

গুলাটি ।।	টিল নাও ও একাই । এর পরে ও শিপিং ব্যুরোর ভাইস প্রেসিডেন্টকে কনফিডেন্সএ আনতো টু গেট দ্য বিড কাম ইন আওয়ার ফেভার –

বুদ্ধ ।।	কত ট্রান্সফার হয়েছিলো –

ভেঙ্কটেস ।।	থ্রী মিলিয়ন ডলার । কোয়ায়েট বিগ

গুলাটি ।।	আমরা এক্সপোজ্ড হলে এন্টি ট্রাস্ট উইল স্ল্যাপ অ্যা কাপল অফ বিলিয়ন পেনাল্টি । আর ব্ল্যাক লিস্ট করবে । ইউরোপেও এর ইমপ্যাক্ট আসতে বাধ্য –

বুদ্ধ ।।	ইনকয়ারি তো এখনও শেষ হয় নি, কোন একাউন্ট থেকে ফান্ড ট্রান্সফার হয়েছিলো?

ভেঙ্কটেস ।।	স্যুইস একাউন্ট - ইউ বি এস

বুদ্ধ ।।	আর এই এফ বি আই এর এই খবরটা পেলে কি করে? কে দিল?

ভেঙ্কটেস ।।	ম্যাকগীল নিজেই – আর তার পরেই আই কল্ড দিস ইমার্জেন্সি মিটিং

বুদ্ধ ।।	কল দিস ব্যাঙ্ক ইমিডিয়েটলি । একাউন্ট ওনারশিপ আমার ছেলের নামে ট্রান্সফার করাও । এড আনাদার টু।

ওর হার্ভার্ডের একাউন্টের সাথে লিঙ্ক করাও । কম্পানির কোনো ট্রেস যেন না থাকে । মেক দিস ট্রান্সফার ল্যুক লাইক ববি'স ডোনেশান ট্যু ম্যাকগীল'স ইলেকশান ফান্ড রেইজিং ক্যাম্পেইন । আমি ববিকে কনভিন্স করাবো । ও কাল ফিরেছে – ড্যু ইট ফাস্ট ।

গুলাটি ।। স্টোরিটা কি দাঁড়াচ্ছে তাহলে?

বুদ্ধ ।। কেন? প্লেইন এন্ড সিম্পল ইয়েট লজিক্যাল । ববি ইজ্ টেকিং চার্জ অফ আওয়ার ইউ এস বিজনেস । এই ফান্ড হল ওর জয়নিং বোনাস, ও তার থেকে ম্যাকগীলের ইলেকশান ফান্ডে ডোনেট করেছে বিকজ হি সাপোর্টস রিপাবলিকান্স । ম্যাকগীলের সাথে এই ট্রানজাকশানটা হবে পার্সোনাল যেখানে কম্পানির নামই থাকবে না । সো আওয়ার বিডিং স্টেজ ক্লীন, ম্যাকগীলও সেফ – কি ক্লিয়ার হলো স্টোরি লাইন?

গুলাটি ।। মাস্টার স্ট্রোক বস – কিন্তু ম্যাকগীলকে তো স্টোরিটা ব্রীফ করা উচিত ।

বুদ্ধ ।। সেটা আমি হ্যান্ডেল করবো । এখন থেকে নোও বডি শ্যুড টক উইথ ম্যাকগীল এনি মোর । এখন প্লিজ গো এন্ড ফিক্স দ্য ব্যাঙ্ক –

[গুলাটি বেরিয়ে যায় । ভেঙ্কটেস খুব ধীরস্থির ভাবে জিজ্ঞাসা করে]

ভেঙ্কটেস ।। ব্রহ্মা ড্যু ইউ বিলিভ দিস স্টোরি উড বি এনাফ কনভিন্সিং?

বুদ্ধ ।। কেন? তোমার কনভিন্সড হতে কষ্ট হচ্ছে বলে?

ভেঙ্কটেস ।।   আই মিন – ম্যাকগীলকে সত্যিই এফ বি আই ট্র্যাপ করেছে তো?

বুদ্ধ ।।   কি মিন করছো একজ্যাক্টলি?

ভেঙ্কটেস ।।   ম্যাকগীল ক্লেইম করছে যে হিজ একাউন্ট ইজ বাগ্‌ড । আর সেটা জানাচ্ছে আফটার ফান্ড গট ট্রান্সফার্ড । একজন সেনেটার জানে না তার কোন কোন একাউন্টস আর অলওয়েজ আন্ডার মাইক্রোস্কোপ? ডাজ দ্যট লুক এনাফ কনভিন্সিং?

বুদ্ধ ।।   তাহলে গেট ইট ভেরিফায়েড । তার কোনো উপায় জানা আছে? তোমায় কনভিন্স করতে গেলে তো উই শুড নাও কল এফ বি আই ফর ভেরিফিকেশান –

ভেঙ্কটেস ।।   না না ডোন্ট গেট মি রঙ । সাচ অ্যা হিউজ ফান্ড । রেস্পন্সিবিলিটি তো ফাইনালি আমার ওপরে পড়বে । হাউ টু হ্যান্ডেল অডিট লেটার অন?

বুদ্ধ ।।   লিসেন ভেঙ্কি – ববির একাউন্ট লিঙ্ক করাটাই যদি তোমার মেইন প্রবলেম হয় তাহলে হ্যান্ডেল দিস কেস দ্য ওয়ে ইউ ফিল লাইক । আই স্টেপ এসাইড । খালি আমায় জানাবে হাউ ইউ উড ম্যানেজ ইন কেস ম্যাকগীল ইস কারেক্ট –

ভেঙ্কটেস ।।   সেখানেই তো একচুয়াল ক্রাইসিস – ইউ ক্যান নট গো ইদার ওয়ে –

বুদ্ধ ।।   তাহলে চুপ মেরে বসে থাকো আর একসেপ্ট থিংস অ্যাজ ইট কামস? বিইং দ্য ফাইনাল ডাইরেক্টর এই স্ক্যামটা

সামলানোর মতো দম আছে তো? প্রেস – এনফোর্সমেন্ট – শেয়ার হোল্ডার্স – লিটিগেশান?

ভেঙ্কটেস ।। বস উই আর টুগেদার । আমার একা সামলাবার কোয়েসচেন আসছে কেন?

বুদ্ধ ।। আসছে কারণ আমার ছেলের নামটা তোমায় প্রিক করছে তাই । ইয়েস – ডোন্ট ট্রাই ট্য হাইড ইয়র ফিলিং । তুমি সব কিছু লুকাতে পারলেও ইউ ক্যান নট হাইড ইয়র আইজ, তোমার সাসপিসান ইস ভিজিব্‌ল । নাঃ, কল গুলাটি রাইট নাও – আই স্টেপ এসাইড এন্ড ইউ টু ডু হোয়াট এভার ইউ ওয়ান্ট –

ভেঙ্কটেস ।। আরে ব্রহ্মা এত আপসেট হয়ে পড়ছো কেন?

বুদ্ধ ।। আমি আপসেট হচ্ছি না ভেঙ্কি – রাদার আই এম কমপ্লিটলি পিস্‌স্‌ড্‌ বাই নাও । এইরকম ক্রাইসিস মোমেন্টে ইউ আর প্লেইং চাইল্ডিশ –

ভেঙ্কটেস ।। চাইল্ডিশ নয় ব্রহ্মা । অডিট ফ্যাক্টরটাকে তো আর ইগনোর করা যায় না । ববির একাউন্টে সাচ এ হিউজ আমাউন্ট জাস্ট জইনিং বোনাস বলে ট্রান্সফার করাটা কিভাবে জাস্টিফাই করবো?

বুদ্ধ ।। সেটা তুমি ঠিক করবে । দ্যাট্‌স্‌ হোয়াই ইউ আর হেয়ার । কীভাবে অডিটার ম্যানেজ করবে, বাই মানি ওর হানি, দ্যাট ইজ ইয়র হেডেক ভেঙ্কি । সব যদি আমায় ম্যানেজ করতে হয় দ্যেন হোয়াই ড্যু আই নিড সো মেনি হেড্‌স?

ভেঙ্কটেস ।। হোয়াট এবাউট আদার বোর্ড মেম্বার্স?

বুদ্ধ ।।   [চিৎকার করে] গেট ফাক্‌ড্‌ উইথ দ্য বোর্ড ।
আই পে দ্যোজ আসহোল্‌স্‌ । দে উইল ড্ড অ্যাজ আই সে – ওরা
শুধু সাইন করবে – রেজলিউশান আমি নেব [হঠাৎ শান্ত হয়ে] কিপ
ইট ফর মি । আমি জানি হাউ টু গেট দেয়ার কনসেন্ট । কি
এবার পারবে বাকিটা সামলাতে?

ভেঙ্কটেস ।।   ও কে দ্যেন – লেট্‌স ড্ড অ্যাজ ইউ ইনসিস্ট

বুদ্ধ ।।   আমি কিছুই ইনসিস্ট করবো না ইফ ইউ ক্যান
ফাইন্ড সাম আদার ওয়ে । এখনো সময় আছে বলো কনফিডেন্ট
কিনা – তাহলে গুলাটিকে স্টপ করছি [মোবাইল বার করে]

ভেঙ্কটেস ।।   না – না – ঠিক আছে । ইট্‌স ওকে – আই গো
উইথ ইউ –

বুদ্ধ ।।   গুড টু হিয়ার দ্যাট । আই উইল নাও পুশ অফ
টু ক্লাব । চেম্বারের কিছু লোকজনের আসবে – কল মি ইন কেস
অফ এনি ডাউটস ।

[বলে খুব দ্রুত বেরিয়ে যায় । ভেঙ্কটেস খুব ঠান্ডা চোখে তার
বেরিয়ে যাবার দিকে তাকিয়ে থাকে – আলো কাটে । পাঁচ সেকেন্ড
পর রস্ট্রামের আলো বাড়তে থাকে । বুদ্ধ হসপিটালের বেডে মাথা
নিচু করে বসে থাকে । পরনে হসপিটালের পোশাক । একটা হাল্কা
নীলাভ আলোর মধ্যে স্মৃতি আর পরিচয়কে বুদ্ধের চারপাশে
বৃত্তাকারে ঘুরতে দেখা যায় । তারা জেরার ভঙ্গীতে প্রশ্ন করতে
থাকে]

স্মৃতি ।।   তারপর থেকেই কি ভেতরের ঝড়টা শুরু হয়েছিলো?

বুদ্ধ ।।   ঝড়? কিসের ঝড়? না তো?

পরিচয় ।।   বহুদিনের পুরনো কোনোও অনুভূতি? কোনো ভয়?

বুদ্ধ ।।   হ্যাঁ – একটা চাপা ভয়ের অনুভূতি মাথা চারা দেবার চেষ্টা করছিলো – কিন্তু সেটাকে বাড়তে দিইনি একেবারে । মনের আরও গভীরে ঠেলে চেপে আটকে রেখেছিলাম –

স্মৃতি ।।   কিসের ভয়? ধরা পড়ে যাবার?

পরিচয় ।।   কার কাছে ধরা পড়বার ভয়? কে আছে যাকে বুদ্ধ ব্রহ্ম ভয় পায়?

বুদ্ধ ।।   না না – এটা সে ভয় নয় । এটা নিজের ওপর বিশ্বাস হারাবার ভয় । এটা আরও সাংঘাতিক । জোঁকের মত সেঁটে থাকে – ছাড়ানো খুব মুশকিল হয় –

স্মৃতি ।।   নিজের কনফিডেন্স নিয়ে নিজের কাছেই প্রশ্ন?

বুদ্ধ ।।   ইয়েস – খানিকটা সেরকমই । আমার দুর্ভেদ্য মনোবল যেন কিছুক্ষণের জন্য মনে হচ্ছিলো ফাটল ধরেছে । নিজের প্ল্যানিংটা ভেঙে পড়বে বলে মনে হচ্ছিলো । অ্যাজ ইফ দেয়ার ইজ সামথিং হুইচ আই হ্যাভ মিস্‌ড় বাট হ্যাভিং নো ক্লু –

পরিচয় ।।   কিন্তু সেটা তো ছিল জাস্ট সাময়িক – বুদ্ধ ব্রহ্ম ভুল করলেও তা ধরিয়ে দেবার বান্দা কেউ নেই –

বুদ্ধ ।।   ইয়েস । আই ডিসাইড মাই ডেসটিনি এন্ড নো বডি ক্যান চেঞ্জ দ্যাট –

স্মৃতি ।।   কিন্তু তা সত্ত্বেও বুকের পেইনটা আটকানো গেল না তো?

বুদ্ধ ।।   সেটা সম্পূর্ণ অন্য টপিক । এংজাইটি সামলাতে পারলেও শেষ পর্যন্ত এঙ্গারটা সামলাতে পারলাম না –

পরিচয় ।।   এড্রিন্যালীনটা হঠাৎ কেন এইরকম বিট্রে করে বসলো?

স্মৃতি ।।   সব কিছুই আন্ডার কন্ট্রোলে থাকা সত্ত্বেও –

বুদ্ধ ।।   হ্যাঁ – সবকিছুই আন্ডার কন্ট্রোলে ছিলো বলে ভেবেছিলাম । এন্ড দ্যাট ওয়াজ মাই বিগ মিসটেক । আই টুক থিংস ফর গ্রান্টেড –

পরিচয় ।।   প্ল্যানিং ফুল প্রুফ ছিল না? তা হয় নাকী? আর না হলেই বা কী যায় আসে তাতে?

স্মৃতি ।।   কোনো প্ল্যানিং পার্ফেক্টলি একজিকিউট হয়? কোনো না কোনো হিক্কাপ তো সবসময়ই আসে । আর তার সল্যুশানও বের হয় । কিন্তু এতটা স্ট্রেসফুল এপিসোড তো আগে কক্ষনো হয় নি?

বুদ্ধ ।।   না না প্ল্যানিং ওয়াজ পার্ফেক্ট । ইট ওয়াজ এনাফ টু টেক কেয়ার অফ দোজ ক্লাউনস্ ইন মাই বোর্ড – শুধু একটা এজাম্পশান আন্ডার এস্টিমেটেড ছিল?

পরিচয় ।। সে কী? একটা এজাম্পশানের সামান্য হেরফের আর তাতেই এইখানে ক্র্যাশ ল্যান্ডিং?

বুদ্ধ ।। সামান্য না একেবারে ফান্ডামেন্টাল । ববিকে আই ট্যক ফর গ্র্যান্টেড । দ্যাট ওয়াজ মাই মিসটেক । আর সেটা যখন বুঝতে পারলাম তখন আর নিজেকে সামলাতে পারলাম না – আই লস্ট ট্যু মাইসেলফ ।

স্মৃতি ।। আজ অবধি কোনো পরিস্থিতিতে তো হারতে হয় নি?

পরিচয় ।। নিজের ছেলের কাছে হার শেষ পর্যন্ত?

বুদ্ধ ।। না ববির কাছে হারিনি । বললাম না – আই লস্ট ট্যু মাইসেলফ । ববি মেড মি এ কমপ্লিট প্যারাডাইম শিফট । আমি নিজের কাছে হেরে গিয়ে অসম্ভব রেগে গিয়েছিলাম । নিজের ওপর – আর তারপর আই লস্ট মাই কন্ট্রোল –

[আলো আস্তে আস্তে ছোট হয়ে কাটে । মঞ্চের ডানদিকে আলো বাড়লে একটা ড্রয়িং রুমের অংশ দেখা যায় । বুদ্ধ পরনে নাইট গাউন । হাতে হুইস্কির গ্লাস নিয়ে সোফায় রিল্যাক্সড ভাবে বসা । পাশে তার ছেলে ববি । পেছনে পরিচয় আর স্মৃতি একে অপরের দিকে পেছন করে দাঁড়িয়ে । বুদ্ধ হুইস্কির গ্লাসে চুমুক দেয় । বুদ্ধ স্বাভাবিক ভাবে কথা বলে, পরিচয় এবং স্মৃতির কথার মধ্যে ধীরে ধীরে নেশার ভাব আসতে থাকবে । এখন থেকে বুদ্ধ, পরিচয় আর স্মৃতি পৃথক থেকে একক হয়ে কথা বলবে]

বুদ্ধ ।।   ক্লাবে এলে না তো? আমরা ওয়েট করছিলাম । বললাম যে একটা ইমপরট্যান্ট টপিক নিয়ে ডিস্কাস করার দরকার ছিলো –

ববি ।।   স্যরি – এক্সট্রিমলি স্যরি ড্যাড । মাঝে একটু বেরিয়ে ছিলাম – ফিরে এসে আই কোল্যাপ্সড্ কমপ্লিটলি । জেট ল্যাগটা একদম সামলাতে পারলাম না – কখন যে আই গট ট্রিপ্ড বুঝতে পারিনি । এখনও আই ফিল টায়ার্ড –

পরিচয় ।।   কেন ফ্লাইটে ঘুমাতে পারো নি? এমিরেট্সের ফার্স্ট ক্লাস ইজ কোয়াইট ও কে ফর এ কুইক ন্যাপ । ডিড ইউ গেট ড্রাঙ্ক অনবোর্ড?

ববি ।।   আরে না না [হেসে] আমি ইকনমি তে এসেছি বাবা –

স্মৃতি ।।   এনি রিজন? কেউ ছিলো সাথে? তাকে তো আপগ্রেড করে দিতে পারতে?

ববি ।।   না না – নো বডি ওয়াজ দেয়ার । ইট ওয়াজ মাই চয়েস –

বুদ্ধ ।।   নিজেকে আননেসেসারি স্ট্রেস দেওয়াটা মিনিংলেস । না – অস্টারিটি ইজ গুড – বাট নট এট দ্য কস্ট অফ টাইম । তুমি যেটা সেভ করলে তার থেকে তোমার লস্ট টাইমের ভ্যালু অনেক অনেক বেশি – ট্রাই টু ফিক্স ইয়র প্রায়রিটিজ প্রপারলি –

ববি ।।   একচুয়ালি দিস টাইম আমার সেটাই প্রায়রিটি ছিলো । ট্যু এনজয় দ্য টাইম ইন মাই ওয়ে । ইকনমির এটমোস্ফিয়ারটা অনেক ভাইব্রেন্ট বাবা । অনেক লোক, অনেক লাইভলি । নো ওয়ান ইজ কম্ফর্টেবল কিন্তু কেউ কমপ্লেইন করছে না । আমার ছিলো মিডল রোওএর মাঝের সিট, দু পাশে দুজন কমপ্লিটলী ডিফারেন্ট ফ্রিকোয়েন্সির লোক । লাইফের পার্স্পেকটিভ পুরোপুরি আলাদা । ভেরী ইন্টারেস্টিং ক্যারেকটার্স । তাদের সাথে গল্প করতে করতেই টাইম যে কীভাবে পেরিয়ে গেল টেরই পেলাম না তো ঘুমাবো কি ।   ইন ফ্যাক্ট বস্টন ট্যু দুবাই খানিকটা বোরিং থাকলেও দুবাই ট্যু কোলকাতা ওয়াজ জাস্ট ফ্যান্টাসটিক । ওই মাঝরাতের ফ্লাইটেও লোকজনের কি এক্সাইটমেন্ট । আমি দুবাইতে, দ্য এন্টায়ার ছ ঘটার ট্রাঞ্জিট টাইম আই ওয়াজ লয়টারিং অল এরাউন্ড দ্য টারমিনাল রাদার দ্যান কিলিং টাইম ইন লাউঞ্জ । মনে হচ্ছিলো যেন সারা পৃথিবী এক ছাতের তলায় কী দারুণ ভাবে এক সাথে রয়েছে ।   কারোর সাথে কারোর মিল নেই, সবার ডেস্টিনেশান আলাদা, অথচ কোনো কনফ্লিক্টও নেই – এন আইডিয়াল ওয়র্ল্ড ।

পরিচয় ।।   কিন্তু পাব্লিকের জঙ্গলে ঘুরে বেড়ালে তো আর আমাদের লাইফের পার্পাজ সার্ভ হবে না

ববি ।।   সেটা তো ডিপেন্ড করবে হাউ আই ডিফাইন মাই পার্পাজ –

স্মৃতি ।।   আর তার জন্যই তোমায় হার্ভার্ডে পাঠিয়েছি যাতে তোমার লাইফের রিকোয়ারমেন্টগুলো আরও রিফাইন্ড হয়

আরও স্ট্রিমলাইন্ড হয় । আমরা যা করে রেখে যাব সেগুলো এমপ্লিফাই করবার জন্য তো একটা প্রপার মাইন্ডসেট দরকার –

পরিচয় ।।   আর আমাদের ওল্ড ইকনমির কনসেপ্ট তো আর বেশিদিন সাসটেনেবল নয় ইন দিস ফাস্ট চেঞ্জিং ওয়ার্ল্ড । তোমায় বেস্ট বিজনেস স্কুলে তো আর বিজনেস কি করে চালাতে হয় তা শিখবার জন্য পাঠাইনি । সেটা ইজিলি পার্চেজেবল । ইউ নিড টু নো হাউ টু সেট প্রায়রিটিজ অফ লাইফ প্রপারলি –

ববি ।।   আমি জানি বাবা । আই অ্যাম ভেরি মাচ এওয়ার অফ ইট –

বুদ্ধ ।।   একচুয়েলি আমি ছাড়াও আমার কয়েকজন বোর্ড মেম্বার ক্লাবে তোমাকে এক্সপেক্ট করছিলো – যাই হোক – তোমার ফেরার প্রোগ্রাম কি?

ববি ।।   ক্লাসরুম স্টাডি তো শেষ – এবার প্রজেক্ট ওয়ার্ক । আর তার জন্য আমার দেশে থাকাটাই দরকার

পরিচয় ।।   এ দেশে থেকে করবে হার্ভার্ডের প্রজেক্ট? আর ইউ ক্রেজি? হোয়াট ড্যু ইউ এক্সপেক্ট আউট অফ দিস আইডিয়া বিহীণ, ল্যাথার্জি স্ট্রিকেন, ইনডিসিপ্লিন্ড পিস অফ ল্যান্ড?

বুদ্ধ ।।   প্রফেসর ইউনুস কিন্তু তাঁর কাজের জায়গাটা পেয়েছিলেন পৃথিবীর ওয়ান অফ দ্য পুওরেস্ট দেশে

স্মৃতি ।।   ইউনুস? হু ইজ হি?

ববি ।।   প্রফেসর মহম্মদ ইউনুস – বাংলাদেশের একমাত্র নোবেল লওরিয়েট – গ্রামীন ব্যাঙ্ক – ও! কী দুর্দান্ত

ক্ল্যারিটি । কী সাংঘাতিক ভীশান – কী মারাত্মক কানেকশান টু গ্রাউন্ড রিয়ালিটি । আর তার কী বিশাল ইমপ্যাক্ট –

বুদ্ধ ।।   তুমি তাঁর সঙ্গে নিজেকে কীভাবে রিলেট করছ সেটা বুঝলাম না । হি ইজ এন একাডেমিশিয়ান, তাঁর কাজের মধ্যে বিজনেস আসে না । ইট ইজ মোওর অফ এ রিফর্ম কাইন্ড অফ থিং -

ববি ।।   উনি একটা সাস্টেইনএবল রিফর্ম এনেছেন থ্রু এ বিজনেস মডেল । উনি সরসরি পয়সার হরির লুট করান নি, হুইচ ইজ নাও আ কমন প্র্যাক্টিস হেয়ার । একটা ব্যাঙ্কিং সিস্টেম এস্ট্যাব্লিশ করিয়েছেন গ্রুপ মাইক্রোক্রেডিট কনসেপ্ট দিয়ে । যা দিয়ে লক্ষ লক্ষ হতদরিদ্র মানুষ একটু ভালভাবে বেঁচে থাকার সুযোগ পেয়েছে –

বুদ্ধ ।।   আমাদের বিজনেস দিয়ে কি তুমি সোশ্যাল রিফর্ম আনতে যাবে নাকি?

ববি ।।   [হেসে] আমি তোমার বিজনেস মডেল পালটানোর কথা তো ভাবছি না ।

[বুদ্ধের স্বর এরপর থেকে খুব শান্ত থাকে, একেবারে নেশামুক্ত, পরিচয় আর স্মৃতি নেশাগ্রস্তের মত কথা বলতে থাকে]

স্মৃতি ।।   তুমি কাদের সাথে মেলামেশা করছো আজকাল? আর ইউ কন্সিসটেন্ট ইন থিঙ্কিং?

পরিচয় ।।   হার্ভার্ডের মাস্টারগুলোর মধ্যে গোটা কতক সাব-অল্টার্ন হিপোক্রিট থাকাটা খুব একটা অস্বাভাবিক নয় যদিও ।

কিন্তু তারা কীভাবে তোমায় ইনফ্লুয়েন্স করতে পারলো সেটা ভেবে আমি বেশ অবাক হচ্ছি –

স্মৃতি ।।   যাই হোক মন দিয়ে শোনো । তোমাকে নিয়ে আমার অনেক প্ল্যানিং আছে – আর সেটা ফাইনাল করতেই আজ তোমাকে নিয়ে বোর্ড মেম্বারদের সাথে –

ববি ।।   আমি ইয়েট টু বিকাম ইওর এমপ্লয়ী বাবা । অ্যাজ মাই ফাদার আমার উপর তোমার একটা এক্সপেকটেশান থাকাটা নাথিং এবনর্মাল কিন্তু সেটা পরিস্কার ডিফাইনড্ হওয়া দরকার ইন বিটুইন আস অনলি – জাস্ট অ্যাজ মাই ফাদার । নট অ্যাজ মাই বস হুইচ হ্যাস নট ইয়েট হ্যাপেন্ড । তাই আর কারোর প্রেজেন্স দরকার নেই সেখানে ।

পরিচয় ।।   ডোন্ট মিক্স আপ রিলেশানশিপ উইথ বিজনেস। রাজার সাম্রাজ্য তো রাজার ছেলেকেই চালাতে হয় নাকী । এটাকে আলাদা করে ডিফাইন করবার কি আছে – এটাই তো নর্মাল সাকসেশান

ববি ।।   দ্যাট্স ফাইন এন্ড ফেয়ার এনাফ – অ্যাজ মাই ফাদার তুমি চাইতেই পারো যে আই মাস্ট সাকসিড ইউ । কিন্তু ব্রহ্ম ইন্ডাস্ট্রিজের চেয়ারম্যান এন্ড হিস বোর্ড মেম্বার্স ক্যান নট ডিসাইড হোয়াট আই শুড ড্যু –

স্মৃতি ।।   তুমি আন নেসেসারিলি ম্যাটারটা কমপ্লিকেট করছো । অ্যাজ দ্য গ্রুপ চেয়ারম্যান এন্ড অলসো অ্যাজ ইওর ফাদার আই ওয়ান্ট মাই বিজনেস টু গো ইন রাইট হ্যান্ডস । হোয়াট এল্স? দু জনকে আলাদা করা যায় নাকি?

ববি ।।   কেন না কেন? তোমার কি মনে হয় না যে তোমার ছেলে শুড ক্রিয়েট এ বিগার ইমপ্যাক্ট দ্যান ইউ । সামথিং নিউ এন্ড বিগ, জাস্ট তোমার লাইফের একটা এক্সটেন্ডেড ভার্সান হবে না । অনেকের লাইফ পালটে দেবার মত সম্পূর্ণ আলাদা কিছু করবে । এটা তো একজন বাবা হিসাবে ভাবা সম্ভব –

বুদ্ধ ।।   ঠিক – একদম ঠিক – আর -

পরিচয় ।।   [বুদ্ধকে একপ্রকার থামিয়ে] আর সেটা করার জন্যই তো তোমায় ইউ এস বিজনেসের দায়িত্ব দিতে চাইছি –

স্মৃতি ।।   তুমি সেখানে এমন এক্সপ্যান্ড করো যাতে সমস্ত পাস্ট রেকর্ডস ব্রেক হয়ে যায় – ওয়াল স্ট্রীট, দালাল স্ট্রীট সব কাঁপিয়ে দেবার মত এক্সপ্যানসান –

ববি ।।   আমায় নিয়ে এত বড় প্ল্যানিং চলছে আর সেটা আমায় জানতে হল জীষার কাছ থেকে

পরিচয় ।।   জীষা? ভেঙ্কির মেয়ে? ও এখানে এল কোথা থেকে?

ববি ।।   একটা কাফেতে বসেছিলাম – ওই বললো যে তোমরা আমায় নিয়ে নাকি প্ল্যানিং করছো – সামথিং বীগ –

বুদ্ধ ।।   [খুব গম্ভীর ভাবে] আর কি কি বলেছে জীষা তোমায়?

[ববি সোফা ছেড়ে মঞ্চের নিম্ন বাম প্রান্তে যায় । সেখানে একটা কাফের একাংশে টেবিলে জীষা বসে আছে মোবাইলের দিকে তাকিয়ে । পেছন থেকে ববি খানিকটা চমকে দেয় । চমক মিটলে

দুজনে হাগিং কিস করে । দুজনেই খুব উচ্ছ্বসিত । চেয়ারে বসে কথা বলতে থাকে]

ববি ।।   একদমই বদলানি ইন লাস্ট ওয়ান ইয়ার –

জীষা ।।   যেন প্রথম দেখলি আমায় –

ববি ।।   আঃ রক্ত মাংসের চেহারাটা ভিডিও দিয়ে এসট্যাব্লিশ করা যায় নাকি? রিয়ালি বেশ ভাল লাগছে তোকে সামনাসামনি । অনেক ফ্রেশ আর এনার্জেটিক । নতুন কোনো বিউটি টিপস ট্রাই করছিস নাকি?

জীষা ।।   ওকে থ্যাঙ্কস – হয়েছে? যত্তসব – ফালতু কথা ছাড় আমার সময় কম, অনেক কাজ বাকি । আমি প্ল্যান অনুযায়ী এখানকার যে পঁচিশটা স্কুলে কথা বলেছিলাম তাদের সাথে গতকাল একটা ভিডিও মিটিং করে আমাদের প্রেসেন্টেশানটা শেয়ার করেছি। দে আর ড্যাম ইম্প্রেসড । আমাদের সাথে তাদের স্টুডেন্টস ইনফরমেশান শেয়ার করবে বলে প্রমিস করেছে –

ববি ।।   গ্রেট জীষা – স্টেটসএও এত ফাস্ট করা যেত না – ইউ আর ইন্‌ক্রেডিবল ।

জীষা ।।   দ্যাট আই নো । কিন্তু এবার? নেক্সট কি? তুই আমায় গাছে উঠিয়ে কাটবার তাল করছিস না তো?

ববি ।।   গাছ? গাছে ওঠাবো মানে? আর নেক্সট স্টেপ নিয়ে আবার কি বলার আছে? রোড ম্যাপ্‌স আর অলরেডি মেড । এখন শুধু একশান নেবার টাইম । জানিস এর মধ্যে একটা দারুণ ডেভেলাপমেন্ট হয়েছে – মাইন্ড ব্লোয়িং – দাঁড়া তার আগে কিছু একটা অর্ডার দিই

জীষা ।।   অর্ডার আমার বলা আছে তুই গিয়ে নিয়ে আয় –

ববি ।।   ও কে ম্যাম, দ্যেন লেট মি সার্ভ ইউ –

[ভেতরে গিয়ে একটা ট্রেতে করে একটা লম্বা গ্লাসে কোল্ড কফি আর একটা বড় কাপে ব্ল্যাক কফি নিয়ে আসে]

ওঃ এখানেও নোও চেঞ্জ – সেই কোল্ড কফি –

জীষা ।।   তোরটাও আনচেঞ্জড – চলবে তো?

ববি ।।   আঃ! মাই অল টাইম ফেভারিট – কাফে আমেরিকানো । থ্যাঙ্কস ডিয়ার – হ্যাঁ যা বলছিলাম – এবার কন্টেন্ট রাইটিং আর ভিডিওগুলো সব রেডি করতে হবে । তিনটে ভার্টিক্যাল একসাথে নামবে – ফিজিক্যাল, ইমোশানাল আর সাইকোলজিক্যাল অল টুগেদার । হিউজ টাস্ক – সামনের তিন চার মাসের মধ্যে গোটাতে হবে । যাতে বাচ্চাগুলোকে ওদের সেশান ব্রেকের সময়টাতে এনগেজ্ড করানো যায় । দেরি হয়ে গেলে কেউই আর তাদের র‍্যাট রেস ছেড়ে আমাদের দিকে তাকাবে না–

জীষা ।।   এন্ড হোয়াট ইজ ইয়োর মাইন্ড ব্লোয়িং ডেভেলাপমেন্ট? সামথিং রিলেটেড টু ইউ এস নিশ্চয় –

ববি ।।   বলবো ডিয়ার সেটা একটু গুছিয়ে না বললে শান্তি হবে না –

জীষা ।।   তা প্রজেক্টটা নিয়ে তুই সত্যিই এগোবি তো ববি?

ববি ।।   কী তখন থেকে হেঁয়ালি করছিস বল তো? ইফ আই অ্যাম নট সিরিয়াস দ্যেন হোয়াই ডিড আই কাম অল দ্য ওয়ে ব্যাক হোম? নাথিং ওয়াজ ইচিং মি দেয়ার-

জীষা ।।   আমি কিন্তু সব কিছু ছেড়ে এই প্রজেক্টটা নিয়ে পড়েছি ববি । দিস হ্যাজ মোর প্রায়োরিটি দ্যান মাই পার্সোনাল ওয়েল বিইং । এন্ড আই উইল নট ইভন হেসিটেট টু লিভ ইউ ইন কেস ইউ কুইট । আই অ্যাম রেডি টু ম্যুভ এলোন । তুই যদি তোর মাইন্ডব্লোয়িং ডেভেলাপমেন্ট দিয়ে তোর ডেস্টিনি চেঞ্জ করিস ইউ ক্যান জ্বলী ওয়েল ম্যুভ অন । আই উইল টেক মাই পাথ এন্ড অনলি ড্যু হোয়াট মেক্স মি ফিল কমপ্লিট – নট সামওয়ান কনফ্যুজড –

ববি ।।   স্যরি আমি তোর একটা কথাও কানেক্ট করতে পারছি না জীষা । কী হলো তোর? এই তো পরশু অবধি বেশ ছিলি? ইভন গতকাল যখন দুবাই থেকে কল করলাম ইউ সাউন্ডেড এবসোলিউটলি নর্মাল, বাবলিং উইথ এনার্জি অ্যান্ড এক্সাইটমেন্ট । এর মধ্যে কি হলো তোর? আই অ্যাম টোটালি লস্ট –

জীষা ।।   এর মধ্যে যদি কিছু হয়ে থাকে সেটা তোর হয়েছে ববি । তোর মাইন্ড ব্লোয়িং ডেভেলাপমেন্ট উইথ দ্য ইউ এস চ্যাপ্টার অফ ইয়োর কোম্পানি । তাই জানতে চাইছি কী ভাবে তুই এই প্রজেক্টটা নিয়ে এগোবি । প্লিজ ঝেড়ে কাশ – এটলিস্ট আমি এক্সপেক্ট করি দিস মিনিমাম ট্রান্সপারেন্সি ।

ববি ।।   ইউ এস চ্যাপ্টার অফ হুইচ কোম্পানি? ব্রহ্মা ইন্ডাস্ট্রিজ?

জীষা ।।   তুই যে কারোর গোলামি করবি না সেটা বোঝবার বুদ্ধি বোধ হয় আমার আছে – ইয়েস দ্য মাইটি ব্রহ্মা ইন্ডাস্ট্রিজ ইউ এস ইনকর্পোরেট ।

ববি ।।   হাঃ – হাঃ হাঃ – হাঃ হাঃ হাঃ – সেটা তো আমি অনেক আগেই করতে পারতাম রে পাগলি – রাইট ফ্রম ডে ওয়ান । এত হার্ভার্ডে গিয়ে গোঁতানোর কী দরকার ছিল? তা তোর হঠাৎ এই সন্দেহটা কোথা থেকে এল? লাস্ট এক বছর ধরে এত কথা এত প্ল্যানিং ইন সোও মাচ ডিটেইলস – নেভার ইউ এক্সপ্রেসড সাচ স্টুপিড ডাউটস?

জীষা ।।   বিকজ ইউ নেভার ডিসক্লোজড এনি অফ ইয়োর প্যারালাল প্ল্যানিংস উইথ মি – আজও জানতাম না যদি না ড্যাড কিছু হিন্টস দিত –

ববি ।।   ভেঙ্কি আঙ্কল? কি হিন্টস দিয়েছে ভেঙ্কি আঙ্কল তোকে? তাও আবার রিলেটেড উইথ মি?

জীষা ।।   তেমন ডিটেলসে কিছু বললো না । কিন্তু লাস্ট দিন দু এক ধরে ড্যাড ইজ কমপ্লিটলি লস্ট ইন এ ডিফারেন্ট ওয়ার্ল্ড । অনেক জিজ্ঞাসা করাতে এইটুকু জাস্ট বললো যে তোকে নিয়ে ইউ এস এ তে সামথিং বড় কিছু প্ল্যানিং হচ্ছে হুইচ ইজ কিপিং হিম প্রিঅকুপ্লায়েড । নাও ডোন্ট ট্রাই টু প্রিটেন্ড ইনোসেন্ট ববি – তুই আমায় ক্লিয়ারলি বল হোয়াট ইজ ইন ইয়র মাইন্ড

ববি ।।   দাঁড়া দাঁড়া আমায় আগে একটু বুঝতে দে । ইউ মিন ব্রহ্মা ইন্ডাসট্রিজ প্ল্যানিং সামথিং বিগ ইন দ্য ইউ এস এন্ড আই অ্যাম ক্লুলেস । গুড প্র্যাক্টিকাল জোক জীষা – খুবই কনভিন্সিং

এফ্ফোর্ট । জাস্ট ওয়েট তোকে আর একটু ভাল করে দেখি – তোর মধ্যে এইরকম উন্নত মানের সেন্স অফ হিউমার এতদিন কোথায় লুকিয়ে রেখেছিলি বল তো?

জীষা ।।   আবার নাটক করছিস –

ববি ।।   আমি না তুই । তোর এই এপিসোডটা শেষ হলে একটা ব্রেক দিস তাহলে আবার কাজের কথায় ফেরত আসবো –

জীষা ।।   একজ্যাক্টলি এই কাজের কথাটাই তো জানতে চাইছি । টেল মি হাউ উইল ইউ হ্যান্ডেল বোওথ –

ববি ।।   নাও স্টপ বুলশিটিং । দিস ইস এনাফ জীষা । আমার প্রজেক্ট করবো এখানে, আমাদের কনসেপ্টটাকে নিয়ে – উই উইল মেক ইট রিয়েল ।

জীষা ।।   মানে? আমাদের রায়বেশে কনসেপ্ট উইল বি তোর হার্ভার্ড থিসিস?

ববি ।।   কেন? এত কাণ্ড করার পর তোর এত ডাউট কেন? এই কিছুক্ষণ আগেই না কী বিশাল লেকচার মারছিলি যে ইউ ক্যান ইভন ফরগো মি ফর দ্য সেক অফ ইয়োর ড্রিম । তা তোর ড্রিমটা কি এতই ছোট যেটাকে নিয়ে ইউ ক্যান নট থিংক বিয়ন্ড এ লিমিটেড বাউন্ডারি?

জীষা ।।   পয়েন্ট সেটা না ববি – রিভাইভিং রায়বেশে ইজ টিপিক্যালি আমাদের প্রবলেম – হার্ভার্ড সেটাকে একনলেজ করবে কেন?

ববি ।।   আমাদের প্রবলেম? এটাই প্রফেসর মিত্রকে বোঝাতে আই টুক জাস্ট টেন মিনিটস যে রায়বেশে ক্যান গিভ অ্যা গ্লোবাল সল্যুশন টু গেট দ্য কিডস কানেকটেড টু দেয়ার লাইফ – কানেকটেড টু দ্য নেচার – কানেকটেড টু দ্য পিপল – কানেকটেড টু দেয়ার ওউন সেলফ –

জীষা ।।   প্রফেসর দীননাথ মিত্র – নোবেল লরিয়েট? হার্ভার্ডে তোর প্রজেক্ট গাইড?

ববি ।।   ইয়েস –

জীষা ।।   তিনি আমাদের রায়বেশের কনসেপ্টটা শুনলেন?

ববি ।।   না শোনেন নি তো? হি জাম্পড আপন ইট । এন্ড আই স্টার্টেড আমাদের মাইন্ড ব্লোইং ডিসকাশন উইথ হিজ একজাম্পল –

জীষা ।।   ওনার একজাম্পল মানে?

ববি ।।   জানিস দ্যাট ওয়াজ ফান টু ডিসকাস । আসার আগে যখন ওনার সাথে কাজের একটা ফাইনাল রিভিউ করছিলাম, ফশ করে জিজ্ঞাসা করলাম যে একাডেমিক্সের খ্যাতির চূড়ায় বসে, এত কিছু পেয়েও হোয়াই হি ইজ নট অলওয়েজ চিয়ারফুল? একজন নোবেল লওরিয়েটকে মনে হয় এর আগে কখনও এত সিম্পল কোয়েস্চেন কেউ করে নি

জীষা ।।   অবশ্যই, ওনাদের মত লোকেদের খুব ইন্টেলেকচুয়াল প্রশ্ন করতে হয় । তা উত্তরে কি বললেন?

ববি ।।   অনেকক্ষণ আমার দিকে চুপ করে তাকিয়ে ভাবলেন আর তার পর আমাকেই পাল্টা জিজ্ঞাসা করলেন যে আমার এই প্রশ্নের উদ্দেশ্য কি? এন্ড মাই রিপ্লাই মেড হিম ক্লীন বোল্ড –

জীষা ।।   রিয়েলি? কি বললি তুই ?

ববি ।।   বললাম যে ওনার উত্তরের উপর নির্ভর করছে হোয়েদার আই শ্যুড ফলোও হিম অর নট । তার সাথে এটাও জিজ্ঞাসা করলাম যে আমিও ভবিষ্যতে ওনার মতন একজন সিরিয়াস টাইপের মরোওজড পার্সোনালিটিতে পরিণত হতে চলেছি কিনা –

জীষা ।।   মাই গড তুই এইসব কথা ওনাকে বলতে পারলি?

ববি ।।   এখানে থাকলে কেউই কোনোদিনও ইম্যাজিন করতে পারবে না । কিন্তু হার্ভার্ড ইজ এ ডিফারেন্ট প্লেস । প্রশ্ন করাটাই ওখানকার একমাত্র কালচার । এন্ড দেয়ার ক্যান নট বি এনি স্ট্যুপিড কোয়েসচেন – বাট আনসার্স ক্যান বি । আর হায়ারার্কিটা কেউ পাত্তা দেয় না ।

জীষা ।।   তা এর উত্তরে উনি কি বললেন?

ববি ।।   কিছুই না – দ্যেন আই আস্কড হিম ফিউ মোর থিংস –

[ববি উঠে মঞ্চের নিম্ন দক্ষিণে আসে । আলো বাড়লে দেখা যায় সেখানে একজন প্রৌঢ় প্রফেসরের অফিস, কাঁচা পাকা বড় চুল,

চশমা, হাতে পাইপ, টেবিলে ল্যাপটপ আর কিছু কাগজ, জার্ণাল, পেছনে বুকশেল্ফ । ববি তার সামনের চেয়ারটায় গিয়ে বসে]

প্রঃ মিত্র ।।   কেউ আমাকে আগে এই প্রশ্ন করে নি ববি –

ববি ।।   হ্যাভ ইউ এভার কোয়েশ্চেন্ড দিস ট্যু ইওরসেলফ স্যার?

প্রঃ মিত্র ।।   এটাও একটা কঠিন প্রশ্ন । নট রিয়েলি – কিন্তু এটা এখন আমাকে একটু ভাবাচ্ছে – আমি জীবনের থেকে স্বপ্নাতীত ভাবে সব কিছু পেয়েও ঘুম থেকে উঠে শুতে যাবার আগে পর্যন্ত সবসময়ে বাঁচার আনন্দটা পাই না কেন – হোয়াই?

ববি ।।   আপনি সারাক্ষণ কী নিয়ে ভাবেন তাহলে?

প্রঃ মিত্র ।।   অফকোউর্স আমার কাজ নিয়ে । কিন্তু সেটা অন্য চিন্তা, একটা ব্যস্ততার মধ্যে থাকা – তাতে সবসময়ে খুব যে একটা আনন্দে থাকি তা না –

ববি ।।   বাট ইউ থট দ্যাট এক্সপ্লোরিং দ্য আননোওন উড কিপ ইউ হ্যাপি অলওয়েজ – তাই তো?

প্রঃ মিত্র ।।   ঠিক তাই – আর তা না হলে আমি এই পথ বেছে নেব কেন?

ববি ।।   কিন্তু সেটা হল না – আপনার গবেষণা আপনাকে সব কিছু দিয়েও আপনাকে চিয়ারফুল রাখতে পারে নি – রাইট?

প্রঃ মিত্র ।।   বাট এইদুটোকে এত সরলভাবে ইকুয়েট করা যায় নাকি?

ববি ।। ঠিক, যদিও আপনি যা পেয়েছেন তার কণিকামাত্র পেলে যে কোনো সাধারণ লোক আনন্দে আত্মহারা হয়ে মাঝ রাস্তায় নাচতে শুরু করতো – অন্তত আপনার জীবনের শুরুতে, আই মিন ছাত্র অবস্থায়, আপনার সেই রকমই ধারণা ছিল – রাইট?

প্রঃ মিত্র ।। রাইট – আর আমার সব স্টুডেন্টরাও সেই একই ধারণা নিয়ে আমার কাছে রিসার্চ করছে

ববি ।। সমস্ত ছাত্ররা এই একই অর্বিটে ঘুরছে স্যার । তারা যেটার স্বপ্ন দেখে সেটা যাদের মধ্যে পায় না ঠিক তাদেরকেই ফলো করে, তাদেরকে গুরু বলে মানে । এটাকে নির্বুদ্ধিতা না বললে আর কাকে বলা উচিৎ?

প্রঃ মিত্র ।। [হেসে উঠে বললেন] আরে ভাই আস্তে কথা বল – আমার সব স্কলারেরা যদি আমায় কালকে এই প্রশ্ন করে বসে তাহলে পরশু থেকে আমার চাকরি রাখাটা কঠিন হয়ে পড়বে কারণ উত্তর শুনে তো আর কেউ এদিক মারাবে না –

ববি ।। স্যার আমাকে ভুল বুঝবেন না । আমার একটাই প্রশ্ন – হোয়াই উই আর নট এড্ডুকেটেড এনাফ টু রিমেইন মোস্ট অব দ্য টাইম চিয়ারফুল এট লিস্ট । গণ্ডগোলটা কোথায়? কেন আমরা সব সময় একটা অহেতুক দুশ্চিন্তা, অনিশ্চয়তা নিয়ে ভয়ে বা রাগে সময় কাটাই? আমরা প্রকৃতি বা সমাজের জটিল রহস্য সমাধান করার জন্য এত সময়, অর্থ, মেধা খরচ করছি অথচ ভালভাবে বেঁচে থাকার একটা কোনো সহজ রাস্তা খুঁজে বার করে উঠতে পারি নি এখনও – কেন?

প্রঃ মিত্র ।।   আমার মনে হয় ইট উইল বি এন ইন্টারেস্টিং টপিক ট্য টক ওভার অ্যা ড্রিঙ্ক । দাঁড়াও গত সপ্তাহে ভিয়েনা ইউনিভার্সিটিতে একটা ইনভিটেশানাল লেকচার দিতে গিয়েছিলাম – ওরা একটা ভাল জিনিস গিফট দিয়েছে

[পেছনের শেলফ থেকে একটা হোয়াইট ওয়াইন এর বোতল আর দুটো ওয়াইন গ্লাস বার করেন, কর্ক ওপেনার দিয়ে বোতল খুলের গ্লাসে ঢালতে ঢালতে বলতে থাকেন]

রিজলিং ওয়াইন ফ্রম ভিয়েনার কাছের ওয়াখাও ভ্যালি । দে ফিল ভেরি প্রাউড এবাউট দিস । তা এটার একটা প্রপার ওপেনিং সেরেমনির জন্য তোমার এই টপিকের থেকে আর ভাল কি হতে পারে? লেটস স্টর্ম আওয়ার ব্রেইন ট্য ফিগার আউট হোয়াট প্রিভেন্টস আস ট্য এক্সপ্লোড এন্ড এঞ্জয় লাইফ, উইদাউট এনি কেমিক্যাল ইন্টারভেনশান অফ কোর্স – চিয়ার্স – ক্যারি অন ববি ।

[দুজনে গ্লাসে গ্লাস ঠেকিয়ে চিয়ার্স বলে একটা সিপ দেয়]

ববি ।।   বাঃ চমৎকার টেস্ট – বেশ একটা হালকা সুইটনেস আছে । এর সাহায্যে আমরা কিন্তু অনায়াসে সেই আনন্দময় জগতে পৌঁছে যেতে পারবো । নাও কামিং ট্য দ্য পয়েন্ট – স্যার আপনার কি মনে হয় না যে আমরা এমন একটা শিক্ষাব্যবস্থা তৈরি করেছি যেটা আমাদের মধ্যে কম্পিটিশানের বীজ বপন করে – যেটা আমাদেরকে শুধু উচ্চাকাঙ্ক্ষা দিকে ঠেলে দেয়–

প্রঃ মিত্র ।।   ক্যারী অন –

ববি ।।	আপনার মনে হয় না যে ক্রমাগত ভয় নামক একটা মারাত্মক সংক্রামক রোগ আমরা আমাদের শিক্ষার মাধ্যমে ছড়িয়ে দিচ্ছি –

প্রঃ মিত্র ।।	মারাত্মক সংক্রামক রোগ? সেটা কীরকম?

ববি ।।	স্যার হোয়াট ইন লাইফ ইজ দেয়ার টু বি ফিয়ার্ড মোর দ্যান ফিয়ার ইটসেলফ? ভয়ের থেকে বেশি ভীতিপ্রদ আর কি হতে পারে? এটা মারাত্মক রোগ নয়?

প্রঃ মিত্র ।।	কিন্তু আমার আবার কিসের ভয়? বুঝলাম না হে তোমার বার্তা –

ববি ।।	কেন? কম্পিটিসানের – পেটেন্টের – বাজেটের? আমাদের পেপারগুলো যখন পিয়ার রিভিউতে যায় সেই সময় গুলোতে মনের মধ্যে কি চলে? একটা ফিয়ার অফ ফেইল্যুর – ফিয়ার অফ আইসোলেশান –

প্রঃ মিত্র ।।	হ্যাঁ – একটা এংজাইটি, একটা টেনশন তো থাকেই – তবে দ্যাট ইজ নর্মাল –

ববি ।।	এটাই আমার পয়েন্ট স্যার । জ্ঞানের শিখরে বসেও অজানার চ্যালেঞ্জ নেবার সাহসটুকু পর্যন্ত আমরা অর্জন করতে পারি নি । আমাদের শিক্ষা আমাদের চিত্তকে ভয়শূন্য করতে পারে নি – আমাদেরকে একেকটি কম্পিটিটার তৈরি করেছে মাত্র । ইট এনকারেজেস এন ইনসেন ড্রাইভ অব এম্বিশান নট দ্য ন্যাচারাল এন্ড সেলফ ইন্সপায়ার্ড গ্রোওথ –

প্রঃ মিত্র ।।	কারেক্ট, ১০০% কারেক্ট – বাট দিস ইজ হোয়াট ইট ইজ – এটার থেকে বের হওয়া সম্ভব নাকি?

ববি ।।   স্যার আমাদের শিক্ষা যদি আমাদের প্রত্যেকের স্বাতন্ত্র্যটাকে শুধু গ্রহণ করতে শেখায় তাহলেই সভ্যতার একটা বিরাট বিপ্লব ঘটে যাবে, কারণ তাহলেই আমরা লাইফ আর লাইফস্টাইলের পার্থক্যটা বুঝতে পারবো

প্রঃ মিত্র ।।   অবশ্যই – অপরের সঙ্গে তুলনার মাধ্যমে আমরা শিশুদের শিক্ষা দিই – এটা একটা ফান্ডামেন্টাল ভুল যেটা আমরা অবলীলাক্রমে ক্রমাগত চালিয়ে এসেছি –

ববি ।।   তুলনার মাধ্যমে অল্প অল্প করে আমরা তাদের প্রতিযোগিতার দিকে ঠেলে দিয়েছি –

প্রঃ মিত্র ।।   অথচ সামগ্রিকভাবে কেউই কারোর থেকে এগিয়ে বা পিছিয়ে নেই –

ববি ।।   না কেউ বড় না কেউ ছোট –

প্রঃ মিত্র ।।   প্রত্যেকেই যেমনটা সে, তাকে তো তেমনটাই হওয়া উচিত ।

ববি ।।   কেউই তো আর অন্য এক জনের মতন হবার জন্য জন্মায় না – সে তো তার মতনই হবে –

প্রঃ মিত্র ।।   অথচ একটা শিশুকে তার বোধ হবার সাথে সাথে আমরা তাকে একটা পরিচিত ছাঁচে ফেলার চেষ্টা করি – আর অনবরত তাকে অন্যদের সাথে তুলনা করতে করতে তার বেড়ে ওঠার সম্ভাবনাগুলোকে ছেঁটে ফেলি – একবারও ভাবি না যে এভ্রিওয়ান হ্যাজ টু লেট দ্যাট সিড হুইচ ইজ হিডেন উইদিন, গ্রোও ইন্টু এ ট্রি –

ববি ।।   আচ্ছা স্যার আমরা একটা বাচ্চা মেয়েকে সেই ভালোবাসা দিয়ে কেন ম্যাথেম্যাটিক্স শিখাতে পারি না যে ভাবে সে নাচ শেখে? নট টু উইন দ্য রেস বাট এক্সপেরিয়েন্স দ্য এক্সাইটমেন্ট – ক্লাসের বন্ধুদেরকে পেছনে ফেলে এগিয়ে যাওয়াটাই কেন অঙ্ক শেখার মূল উদ্দেশ্য হবে? আরেকজনকে পিছনে ফেলাটা কেন সাফল্যের মাপকাঠি হবে?

প্রঃ মিত্র ।।   তুমি কি করতে চাইছো ববি – এন্ড লেট মি নো হোয়াট আই নীড টু ড্যু ফর ইউ

ববি ।।   আমি দেশে ফিরে গিয়ে শিক্ষার একটা প্যারালাল পদ্ধতি চালু করতে চাইছি । খালি ইকনমিক গ্রোওথ তো অনেক হল – কি পেলাম আমরা? কেবলমাত্র লাইফস্টাইলে ফোকাসড একটা হিউজ আর্মি অফ এডুকেটেড ঠাগস্ । যেটা আগে আন্ডার প্রিভিলেজড মানুষদের বেঁচে থাকার উপায়হীন পথ ছিলো এখন হাইলি প্রিভিলেজডরা খুব স্বাভাবিক ভাবে সেই লোক ঠকানোর কাজকে তাদের পেশায় পরিণত করেছে । কেন না তার পাশের জনকে যে কোনো উপায়ে টেক্কা দিতে হবে।

প্রঃ মিত্র ।।   কি পদ্ধতি? কি ধরনের মডেল?

ববি ।।   একদম গ্রাসরুট লেভেল থেকে শরীর – মন – প্রকৃতি আর সমাজকে কানেক্ট করার মডেল । যাতে বেড়ে ওঠার সাথে সাথে তার চারপাশের রিকোয়ারমেন্টের সঙ্গে নিজেকে কানেক্ট করে বেঁচে থাকাটাকে তার প্রাইমারি রিকয়ারমেন্ট হিসাবে বুঝতে পারে । খালি নিজের অপ্রয়োজনীয় সীমাহীন চাহিদা

মেটানোর জন্য একটা আইসোলেটেড এলিয়েনে যেন পরিণত না হয় –

প্রঃ মিত্র ।।   বলছো কী? এ তো একদম ফান্ডামেন্টাল চেঞ্জ আনার প্রজেক্ট । সাংঘাতিক ব্যাপার – তা আমি, আমি কি করতে পারি –

ববি ।।   স্যার আপনার লম্বা হাতটা যদি আমাদের দিকে বাড়ানো থাকে তা হলেই হবে – উই নীড প্যাট্রনস লাইক ইউ –

প্রঃ মিত্র ।।   সেটা তো অলরেডি বাড়ানোই আছে মাই ডিয়ার–

[ডান হাত বাড়িয়ে হ্যান্ডশেক করে একে অপরকে জড়িয়ে ধরে । তারপর দুজনে খুব মনযোগ দিয়ে আলোচনা করতে থাকে । আলো ছোট হয়ে কাটে । ববি সেখান থেকে উঠে কাফেতে গিয়ে জীষার উল্টোদিকের চেয়ারে গিয়ে বসে । সেখানকার আলো তাদের দুজনকে ধরে]

জীষা ।।   মাই গড কি বলছিস তুই? আমাদের প্রজেক্টের সাথে প্রফেসর দীননাথ মিত্র? আনবিলিভেবল –

ববি ।।   স্বামী বিবেকানন্দ বলতেন পিওরিটি অফ পারপাজ থাকলে নাথিং ইজ ইমপসিবল । সেটা ওনার তৈরি অর্গানাইজেশনটা দেখলে বিশ্বাস করতে কোনো অসুবিধা হবে না । যাই হোক নাও উই নীড টু ম্যুভ ফাস্ট । প্রচুর কাজ পড়ে আছে – সবার আগে নেটওয়ার্কিং । সমস্ত ইউনিভার্সিটি, আই আই টি আর

আই আই এম গুলোর এল্যুমনি নেটওয়ার্ক গুলোকে কনটাক্ট করে ভলান্টিয়ার্স পুল তৈরি করার কাজটা এক্সিলারেট করা দরকার –

জীষা ।।   দাঁড়া দাঁড়া – তুই তাহলে সত্যিই তোদের এম্পায়ারের দায়িত্ব নিয়ে ইউ এস ছুটছিস না । ফুল টাইম আমাদের প্রজেক্ট রায়বেশেতেই ইনভলভড হচ্ছিস ।

ববি ।।   উফ্‌ফ্‌ । নাও স্টপ কিডিং – আমি কিন্তু –

জীষা ।।   আমি কিন্তু বাবাকে এতটা প্রিওক্যুপায়েড আগে কখনও দেখিনি ববি । পার্টিকুলারলি লাস্ট কাপল অফ ডেজ । হি ইজ ইন এ কমপ্লিটলি ডিফারেন্ট ওয়ার্ল্ড –

ববি ।।   তার সাথে আমাদের প্রজেক্টের কি সম্পর্ক –

জীষা ।।   অনেক জিজ্ঞাসা করাতে বাবা খালি এইটুকুই বললো যে তুই ব্রহ্মা ইডাস্ট্রিজের ইউ এস চ্যাপ্টারটার দায়িত্ব নিচ্ছিস – যেটা নিয়ে বাবা ইজ সামহাউ নট কনভিন্সড । এন্ড ইট ল্যুকড টু মি যে হি ইজ স্মেলিং সামথিং রঙ দেয়ার –

ববি ।।   রিয়েলি? আমাকে নিয়ে ব্রহ্মা ইন্ডাস্ট্রিজের কিছু স্ট্র্যাটেজি চলছে বলতে চাইছিস? হুইচ আই য্যাম নট এওয়্যার অফ?

জীষা ।।   সেটাই তো আমি তোকে এতক্ষণ জিজ্ঞাসা করছিলাম – এখন বুঝলাম –

ববি ।।   কি বুঝলি?

জীষা ।।   থিংস আর হ্যাপেনিং বিহাইন্ড ইউ – তাই বাবা এত টেন্সড ।

ববি ।।   থিংস আর হ্যাপেনিং বিহাইন্ড মি? ব্রহ্মা ইন্ডাস্ট্রিজ থিঙ্কস আই য্যাম অলরেডি দেয়ার গেম? তুই চিন্তা করিস না জীষা – আওয়ার মিশন রায়বেশে স্ট্যেজ । ব্রহ্মা ইন্ডাস্ট্রিজ ইজ নট মাই প্লেস –

জীষা ।।   পারবি তুই সেটা মেনটেইন করতে?

ববি ।।   তা না পারলে আমার লেখাপড়া করার মানেটা কি দাঁড়ায়? যে আইডিয়াটাকে বিশ্বাস করে এগোচ্ছি সেটার জন্মের আগেই এবোর্ট করলে আমার সাথে একটা পার্ভার্টের কি ডিফারেন্স? সারা জীবন আমি এই প্রশ্নটা ইগ্নোওর করবো কী ভাবে?

জীষা ।।   আমার খুব ভয় করছে রে ববি – পারবি তুই আঙ্কলকে কনফ্রন্ট করতে –

ববি ।।   দ্যাট উইল বি মাই টেস্ট অন মাইসেলফ টু্য – আমি আজ চলি । বাবার সাথে বসতে হবে । দ্যাট উইল বি এ রিয়েল বুদ্ধ ববি সংবাদ – একটা সুপার টক শো । হাজার কাপ কফি খেয়েও কেউ এই টক শোর ধারে কাছে আসতে পারবে না রে । আর হ্যাঁ তুই যদি ভেঙ্কি আঙ্কলের থেকে আর কোনো ক্লু্য বার করতে পারিস – কল মি – যখনই হোক – দ্যেন এন্ড দেয়ার কল মি – দেখি বুদ্ধ ব্রহ্মা কতটা রায়বেশে খেলতে পারে –

[খুব জোড়ে ঢাকের বোল 'ঝাউর গিজা গিঝাঘনিতা' বেজে ওঠে তার সাথে বহু মানুষের মুখে 'আওয়া আওয়া' শব্দের সাথে পর্দা নামতে থাকে ।]

বিরতি

দ্বিতীয় প্রবাহ

[বুদ্ধের বসার ঘরে যে যার আগের জায়গায় বসে বা দাঁড়িয়ে ।]

ববি ।।   আমার ব্লু প্রিন্ট তৈরি হচ্ছে অথচ আমি কিছুই জানতে পারলাম না –

পরিচয় ।।   হোয়াটস রং ইন সাচ প্ল্যানিং? তুমি ছাড়া আমাদের বিজনেসের এই ভাইটাল মার্কেটটা আমি কাকে রিলাই করে ছাড়তে পারবো?

স্মৃতি ।।   আর তা ছাড়া তুমি অ্যাজ মাই সাক্সেসর এমন একটা জায়গা থেকে ক্যারিয়ার শুরু করবে যাতে বোর্ডের কেউ তোমাকে কোনো চ্যালেঞ্জ করতে না পারে । এট লিস্ট এট দ্য বিগিনিং, ইউ এস আমাদের কাছে নতুন ভাবে ওপেন করছে – তার শুরুতেই ইউ মাস্ট হ্যাভ ফুল কন্ট্রোল অন ইট –

ববি ।।   কন্ট্রোল করবার জন্য তো ইউ ক্যান গেট পিপল বাই থ্রোয়িং সাম ডাইম্‌স । আমার জায়গায় একটা বি স্কুল গ্র্যাজুয়েটকে জাস্ট দেড় গুণ মাইনে দিয়ে বসিয়ে দাও – হি উইল গিভ লাইফ ফর ইউ । ওর লাইফের একমাত্র প্রায়রিটি হবে তুমি – আমার লাইফের প্রায়রিটিতে ইউ এস নেই বাবা –

বুদ্ধ ।।   তোমার প্রায়রিটিতে তা হলে কি পড়ে? লেট আস টক এবাউট ইট নাও –

ববি ।।   এক্ষুনির কি দরকার আছে বাবা – তুমি সারাদিন পর একটু রিল্যাক্স করছো – আমি তো আর হুট করে চলে যাচ্ছিনা এবার । আমি ব্রহ্ম ইন্ডাস্ট্রিজ নিয়ে ইন্টারেস্টেড নই–

স্মৃতি ।।   হোয়াট আর ইউ টকিং এবাউট – এই নিয়ে কারোর কোনো ডাউট ছিল নাকি?

ববি ।।   এট লিস্ট আমার তো সাংঘাতিক ডাউট ছিল ফর দ্য লাস্ট কাপল্ অফ ইয়ার্স – আই ফেইল্ড টু সি মি অ্যাজ পার্ট অফ ইওর বিজনেস –

বুদ্ধ ।।   কি করতে চাইছ তুমি তাহলে –

ববি ।।   আজ থাক না – আমিও টায়ার্ড – আর তুমিও আফটার এ হেক্টিক ডে –

পরিচয় ।।   [চেঁচিয়ে] ড্যাম উইথ ইওর হেক্টিক ডে – আজ, এখন, এইখানে আমাদের পরিষ্কার হওয়া দরকার যে আমরা কি চাইছি –

ববি ।।   কাম অন বাবা – অত রিয়্যাক্ট কোরো না –

স্মৃতি ।।   আমার লাইফটাইমের এফোর্ট তুমি তুড়ি মেরে উড়িয়ে দিচ্ছো আর বলছো যে আই শ্যুড নট রিয়্যাক্ট?

ববি ।।   এখানেই তো ফান্ডামেন্টাল প্রশ্নটা আসছে বাবা – এত কিছু থাকার পরেও তোমায় এতটা এফোর্ট দিতে হয় কেন?

পরিচয় ।।   এটাও বলতে লাগবে? ইট ইজ দ্য কোয়েশ্চেন অফ আওয়ার সার্ভাইভাল –

ববি ।। সার্ভাইভাল? সারাটা জীবন কি সার্ভাইভাল মোডএ কাটিয়ে যাবো নাকি? পৃথিবীতে আর কোন প্রাণী জাস্ট সার্ভাইভ করবার জন্য এত এফর্ট দেয় তা বলতে পারবে? আর একটা বেসিক প্রশ্ন – আমি শুধু সার্ভাইভ করবার জন্য এত কান্ড করতে যাবো কেন – হোয়াই?

বুদ্ধ ।। গ্রোওথ ইজ আওয়ার অনলি মোড টু ক্যারি অন ববি – উইদাউট গ্রোওথ উই উইল পেরিশ –

ববি ।। এটা এক ধরনের ক্রনিক ডিজিজ – কোনো দিনও সারে না । টার্গেটহীন ভাবে টার্গেট বাড়িয়ে শুধু তার পেছনে দৌড়ানোর রোগ ।

পরিচয় ।। ইয়েস তার নাম সাকসেস । রোজ নতুন টার্গেট তৈরি করো এন্ড দেন গো ফর ইট – দ্যাট কিপস আস এলাইভ । তা না হলে আমরা মিডিল ক্লাসের মত লাইফলেস এনটিটি হয়ে যাব – ইন্ডাস্ট্রিতে এরকম প্রচুর একজাম্পল আছে । দে জাস্ট ভ্যানিশ্ড বিকজ দে ওয়ের টু কমপ্লাসেন্ট

ববি ।। তুমি কখনো কারোর জন্য ফিল করেছো বাবা?

বুদ্ধ ।। হোয়াট ড্যু ইউ মিন?

ববি ।। নিজেকে একটু এক্সপ্যান্ড করে অন্যের মধ্যে নিজেকে দেখার চেষ্টা করেছো কখনও?

স্মৃতি ।। ইজ দ্যাট রেলেভ্যান্ট হিয়ার?

ববি ।। তা না হলে নিজের গ্রোওথটা কোথায় হল? হতে পারো তুমি একজন মোস্ট ইনফ্লুয়েন্সিয়াল বা মোস্ট ইন্টেলেকচুয়াল

জায়েন্ট এভার বর্ন - বাট, টু ইয়রসেলফ ইউ আর নাথিং, ইউ হ্যাভ গন নো হোয়্যার । আমি ঠিক এই জায়গাটাতে এসেই আটকে গেছি বাবা - তোমার এই হিউজ বিজনেসে কিছু নাম্বার আর গ্রাফ ছাড়া নাথিং এলস গ্রোওস । শুরু থেকে সব্বাই মেন্টালি সেই একই অর্বিটে ঘুরে যাচ্ছে – কেউ গ্রোও করে নি –

পরিচয় ।। পার্সোনাল গ্রোওথটাকে দেখতে পাও না?

ববি ।। নো নাথিং –

স্মৃতি ।। কেন? এই লাইফস্টাইল - এত প্রপার্টি – এসেটস – স্টক হোল্ডিং – সোসাল ইনফ্লুয়েন্স এগুলো দেখতে পাও না? এগুলোর গ্রোওথ ভিসিবল নয়?

ববি ।। এ তো সার্ভাইভাল লাইনটাকে একটু একটু করে উপরে তোলা । একটা টার্গেট থেকে পরেরটা – আর তার সাথে চূড়ান্ত ইনসিকিওরিটি –

বুদ্ধ ।। তুমি আমার মধ্যে ইনসেকিওরিটি কোথায় দেখলে?

ববি ।। তা না হলে এত প্রপার্টি এসেটসের পেছনে ছোটার মানেটা কি? এই মুহূর্তে তোমার সমস্ত এসেটস তো জাস্ট একটা মেন্টাল স্টেটাস । স্পেস টাইম ডাইমেনশানে তো তুমি ওই সোফাটায় বসে এঞ্জয়িং স্পে সাইড সিঙ্গল মল্ট - দ্যাটস অল । বাদবাকি সবের তো এই মুহূর্তে কোনো ফিজিক্যাল এক্সিস্ট্যান্স নেই তোমার লাইফে । অথচ ইম্যাজিনারি ওয়র্ল্ডে সব সময় একটা পেরিশ হয়ে যাবার আতঙ্ক । যে সব বস্তু পজেস করার কোনো

ফিজিক্যাল সিগ্নিফিক্যান্স নেই সে সব জিনিস হারাবার কী প্রচন্ড ভয় । আমি এর মধ্যে কেন ঢুকতে যাব বলতে পারো?

স্মৃতি ।।   তুমি কি কুইট করতে চাইছো ফ্রম হোয়াট ইউ আর ডুইং?

পরিচয় ।।   বাট এভ্রিথিং ক্যান নট হ্যাপেন অ্যাজ পার ইয়োর চয়েস –

ববি ।।   কেন? তোমার চয়েসের সাথে তাল মেলাতে না পারলে আমাকে কুইট করতে হবে কেন? আমি আমার নিজের পাথ সিলেক্ট করতে পারি না?

পরিচয় ।।   তুমি কি পৃথিবী বদলানোর স্কীম করছো?

ববি ।।   আমি নিজেকে বদলানোর স্কীমটা ফাইনালাইজ করার চেষ্টা করছি আপাততঃ –

স্মৃতি ।।   সেটা আবার কি রঙের বস্তু? লাল?

ববি ।।   ট্রান্সপ্যারেন্ট, স্বচ্ছ । সেটা হল টু গেট রিড অফ সেই বস্তা পচা প্রী ডিফাইন্ড – প্রী ডেস্টাইন্ড – প্রী ডিজাইন্ড আইডিয়া অফ হ্যাভিং এভ্রীথিং আন্ডার মাই কন্ট্রোল । আমি সেই আইডিয়াটা আগে ব্রেক করতে চাইছি বাবা – আর তার মধ্যে ইউ এস ইজ ফার্স্ট টু গেট এলিমিনেটেড –

পরিচয় ।।   আর ইউ ম্যাড? আজকের দিনে ইউ এস বাদ দিয়ে কেউ কিছু প্ল্যানিং করে নাকি?

ববি ।।   আমার প্রশ্ন তো ঠিক এর উল্টোটা । আচ্ছা ইউ এস, এইচ ওয়ান বি রিল্যাক্স করাতে এদেশের মিডিয়াতে এত খুশির কি আছে সেটা কেউ বলতে পারবে? ইউ এস তাদের

নিজের প্রয়োজনে লোক টানার জন্য তার ভিসার নিয়ম রিফর্ম করছে আর তাতে আমাদের শিক্ষিত সমাজ হুর্রে বলে আনন্দে লাফিয়ে উঠছে । ভাবা যায় কোন জগতে আমরা বাস করছি?

স্মৃতি ।।   কেন? এদেশের কেপেবল ছেলে মেয়েরা যদি একটা বেটার লাইফ পাবার সুযোগ পায় তাহলে তো আনন্দ হবারই কথা –

ববি ।।   বেটার ইন হোয়াট সেন্স? আসলে এখানেই আমরা সব গুলিয়ে বসে আছি – এইরকম একটা উন্নত মানের সভ্যতায় থেকেও আমরা অন্যের দিকে লোলুপ দৃষ্টিতে তাকিয়ে ভাবছি কতক্ষণে ফাটা প্যান্ট পরে সোডা গিলবো – আনবিলিভেবল

পরিচয় ।।   এখানকার কোন ব্যবস্থাটা তোমার চোখে উন্নত মানের সভ্যতা বলে মনে হল?

ববি ।।   সাইকলজিক্যাল ব্যালেন্স অফ দিস হিউজ পপুলেশান ফর সেঞ্চুরিজ আফটার সেঞ্চুরিজ – যার নাম সিভিলাইজেশান ।

বুদ্ধ ।।   সাইকলজিক্যাল ব্যালেন্স?

ববি ।।   বাবা আমাদের দেশের আমজনতার মধ্যে লেভেল অফ এঙ্গার কতখানি? এতবড় একটা হাংরি পপুলেশান ইজ নেভার এংগ্রী অন আদার্স – রহস্যটা কি?

স্মৃতি ।।   কেন আমাদের দেশের ক্রাইম রেট কি এক্কেবারে তলানিতে এসে ঠেকেছে নাকি?

ববি ।।   জণসংখার তুলনায় কি সেটা? আমি অর্গানাইজ়ড বা পলিটিকাল ক্রাইমের কথা বলছি না – ইন জেনেরাল । আচ্ছা

সে ফর একজাম্পল – তোমার লাইফস্টাইল বা ওয়েলথ এর তুলনায় তোমার ড্রাইভার যাকে ছাড়া তুমি কোথাও ম্যুভ করতে পারো না – তার ওয়েলথ তো কোনো স্কেলেই কম্পেয়ার করা সম্ভব না – তা সেই ভদ্রলোক কি সারাক্ষণ নিজেকে ডিপরাইভড ভেবে তোমার ওপর সাংঘাতিক রেগে থাকেন?

পরিচয় ।।   তার কী কেপাবিলিটি যে সে আমার সাথে নিজেকে কম্পেয়ার করবে? হি একসেপ্টেড হিজ সিচুয়েশান – তাই সে শান্ত –

ববি ।।   আর এত কিছু পেয়েও আমরা শান্ত থাকতে পারছি না । তোমার কি মনে হয় না যে তোমার ড্রাইভার ইজ মোর সাইকলজিক্যালি ব্যালেন্সড দ্যান আস । যারা সবসময়ে একটা সিউডো স্কারসিটি মাথায় নিয়ে দৌড়ে বেড়াচ্ছি –

পরিচয় ।।   হ্যাভ ইউ গন ক্রেজি?

ববি ।।   আমারো তো একই প্রশ্ন – আমরা কি উন্মাদ না নির্বোধ না কি মেন্টাল পেশেন্ট যার মাথার মধ্যে সারাক্ষণ ফাটা রেকর্ডের মতো নট এনাফ – নট এনাফ বলে একটাই গান বেজে চলেছে

[মঞ্চের দু পাশ দিয়ে পাঁচজন গায়েন ঢোকে, তাদের মধ্যে একজন মূল গায়েন, সে মাঝখানে বাকিরা তার দু পাশে। আলো খালি গায়েনদের ধরে বাকিদের আলো কমে যায়]

মূল গায়েন ।।   মনের মধ্যে ঘুরছে কেবল - নট এনাফ

                মাথার ভেতর চলছে যে গান - নট এনাফ

                ঘুরছে মাথায় বনবনিয়ে – নট এনাফ

সবাই দেখি বলছে শুধুই -

বাকি গায়েন ।। নট এনাফ, নট এনাফ, নট এনাফ

নট এনাফ, নট এনাফ, নট এনাফ

মূল গায়েন ।। খেয়েছি কত ইলিশ পেটি - নট এনাফ

স্কচের সাথে তপসে ভাজা - নট এনাফ

স্টারবাক্সের কফি নিয়ে - নট এনাফ

শেরাটনের ব্রাঞ্চে বসেও - নট এনাফ

বাকি গায়েন ।। নট এনাফ, নট এনাফ, নট এনাফ

নট এনাফ, নট এনাফ, নট এনাফ

মূল গায়েন ।। বি এম ডব্লুর রেয়ার সিটে – নট এনাফ

৩৮০র উপর ক্লাসে - নট এনাফ

স্টার ক্রুজের ডেকের নাচে - নট এনাফ

পাট্টায়াতে ম্যাসাজ নিয়েও – নট এনাফ

বাকি গায়েন ।। নট এনাফ, নট এনাফ, নট এনাফ

নট এনাফ, নট এনাফ, নট এনাফ

মূল গায়েন ।। ফার্ম হাউজের পুলের ধারে – নট এনাফ

২৮ তলার ব্যালকনিতে - নট এনাফ

আকাশ ট্র্যাকে জগিং করে - নট এনাফ

এক্সট্যাসিতে স্টোন্‌ড হয়েও – নট এনাফ

বাকি গায়েন ।। নট এনাফ, নট এনাফ, নট এনাফ

নট এনাফ, নট এনাফ, নট এনাফ

[গায়েনরা মঞ্চ থেকে বেরিয়ে যায় । আলো স্বাভাবিক হয়]

স্মৃতি ।।   তুমি কি কোনো স্পিরিচুয়াল গুরুর খপ্পরে পরেছো নাকি?

ববি ।।   সমস্ত ওয়েস্ট আজ দেখতে পারছে যে তাদের চাহিদাটা আজ একটা নেভার এন্ডিং পাগলামোর এমন জায়গায় গিয়ে পৌঁছেছে যে সব সময়ে সক্বাই অকারণে অসম্ভব রেগে থাকে । গোটা দেশটায় অশ্রাব্য ভাষা ব্যবহার না করে কেউ মনের ভাব প্রকাশ করতে পারে না । কোথাও একটা বড় ক্যালামিটি ঘটলে শপিং কম্পেক্সগুলোতে সাথে সাথে লুঠপাট শুরু হয়ে যায় - সব কিছু পেয়েও কেউ অভাববোধ কাটাতে পারছে না ।

পরিচয় ।।   এটাই তো গ্রোওথ ড্রাইভার – মানুষের চাহিদা না থাকলে ইকনমি চলবে কী ভাবে?

ববি ।।   নতুন মানুষদের চাহিদা দিয়ে চলুক না ইকনমি – তাই বলে আমার চাহিদা এক সময়ে থামবে না? আমি তো আর গ্ল্যাডিয়েটর নই যে শুধু বেঁচে থাকার জন্য লড়াইতে খালি জিততেই হবে – সক্বাইকে হারাতে হবে – না পারলে বিদায় নিতে হবে –

বুদ্ধ ।।   তুমি ঠিক কী করতে চাইছো সেটা কিন্তু এখনো বুঝে উঠতে পারলাম না –

ববি ।।   বাবা – আই হ্যাভ মাই ওয়োন প্ল্যান । তার সাথে তোমার চাহিদার যদিও কোনো মিল নেই – বাট তার জন্য আমিও যে কোনো কন্সিকোয়েন্সের জন্য তৈরি –

পরিচয় ।।   সটান কন্সিকোয়েন্স অবধি পৌঁছে গেলে এত তাড়াতাড়ি –

ববি ।।   হ্যাঁ – তার কারণ তোমার চাহিদা না মেটাতে পারলে সেটা যে কি ভয়ঙ্কর হতে পারে সেটা আন্দাজ করবার মত ম্যাচ্যুরিটি আমার হয়েছে –

বুদ্ধ ।।   ও কে – ফরগেট ব্রহ্মা ইন্ডাস্ট্রিজ – তোমার প্ল্যানিংটা বরং শোনা যাক –

ববি ।।   আমি প্রাইমারি লেভেলের বাচ্চাদের নিয়ে কাজ করবো –

বুদ্ধ ।।   প্রাইমারি লেভেল এডুকেশান? অন লাইন প্ল্যাটফর্মে? ও কে ক্যারি অন –

ববি ।।   না না । এটা একটা কনসেপ্ট যেটা প্রাইমারি স্কুলের বাচ্চাদের মধ্যে ইমপ্লিমেন্ট করাবো

পরিচয় ।।   কনসেপ্ট? আবার হাইপোথেসিস?

ববি ।।   নট এট অল – রাদার ভেরি মাচ প্র্যাক্টিক্যাল । একটা ক্রনিক ডিজিজ যেটা হাল আমলে প্যান্ডেমিক আকার নিয়েছে সেটার ভ্যাক্সিনেশান প্রোগ্রাম –

স্মৃতি ।।   এটা কী ধরনের রীডল? খুলে বলো –

ববি ।।   আইডেন্টিটি –

পরিচয় ।।   হোয়াট?

ববি ।।   একটা শিশুর মধ্যে সেলফ সেন্ট্রিক আইডেন্টিটি তৈরি হবার আগেই তাকে প্রকৃতি – সমাজ – দেশের সাথে আইডেন্টিফাই করাবো, তার স্পেসটা বাড়িয়ে তুলবো যাতে সে সবকিছুর সাথে প্রপারলি রেস্পন্ড করতে শেখে –

স্মৃতি ।।   আর তার ক্যারিয়ার?

ববি ।।   ক্যারিয়ার শব্দটা মাথায় ঢোকার আগে সে ঠিক করবে যে সে কীরকম মানুষ হবে তারপর সেই রকম হবার জন্য তাকে কী করতে হবে যাতে সেইমত কাজ করে সে যা পাবে সেটা তার কাছে একসেপ্টেবল হয় এট দ্য এন্ড । বড় হবার সাথে সাথে তার চিন্তাধারার মধ্যে যেন একটা ইঙ্ক্লুসিভ, রেস্পন্সিভ এক্সপ্যান্সান ঘটে । নট সেলফ সেন্ট্রিক ইনার্ট কন্ট্রাকশান । যেটা আমাদের চারিদিকের সার্কাসের মেইন কারণ –– নট দ্য আদার ওয়ে রাউন্ড

বুদ্ধ ।।   এন্ড হোয়াট ইজ দিস আদার ওয়ে রাউন্ড?

ববি ।।   কেন? যেখান থেকে সবাই শুরু করে আজ? তাকে কী পেতে হবে । তার ড্রিম বিল্ডিং – যেটার মাইলস্টোন ঠিক করে তার পরিচিত বা অপরিচিত লোকজন । তার ওপর নির্ভর করবে সে কী করবে কতটা করবে আর তাতে তাকে যা হতে হয় সে তাই হবে এমনকী দরকার হলে ক্রিমিনাল পর্যন্ত । এই টিপিক্যাল অন্যের ড্রিমকে তাড়া করতে করতে একসময়ে নিজেকে হারিয়ে ফেলাটার যে প্রসেসান চলছে সেটার মুখটাকে ঘুরিয়ে দেওয়াটাই আমার উদ্দেশ্য ।

স্মৃতি ।।   হু ইজ গোইং টু বাই দিস স্টুপিড কনসেপ্ট?

ববি ।।   কেউ না । কারণ দিস ইজ নট ফর সেল । আমরা ডাইরেক্টলি বাচ্চাদের সাথে মিশে এটাকে ইমপ্লিমেন্ট করবো । টু স্টার্ট উইথ শ' খানেক ভলান্টিয়ার তাদের নিজের এলাকাতে, রোজ বিকেলে ঘন্টাখানেক, সেখানকার ছোট বাচ্চাদের সাথে ডেইলি ইন্টারএক্ট করবে – যার থিম থাকবে তার নিজের সাথে তার চারপাশের কানেকশান । সে যাতে চিন্তা করতে পারে যে তার ভাল থাকাটা আসলে কি । তার সাথে চলবে সোসাল মিডিয়া ক্যাম্পেইন ।

স্মৃতি ।।   ইউ কল ইট এন আইডিয়া?

পরিচয় ।।   প্রথম দিনেই ফেল করবে । তুমি ভাবছো আজকালকার বাপ মায়েরা তোমার ওই সো কল্ড ওভ্যার এনথুজিয়াস্টিক ভলান্টিয়ারদের হাতে তাদের বাচ্চাদের ছেড়ে দেবে?

ববি ।।   কারেক্ট, কেউ এমনিতে ছাড়বে না । তাই সবার আগে আমরা স্কুলগুলোকে কনফিডেন্সে আনছি । দে উইল গিভ দিস অ্যাজ এ টাস্ক টু দ্য প্যারেন্টস –

বুদ্ধ ।।   স্কুল কারিকুলামে ঢুকিয়ে দিতে পারলে অবশ্য তেমন রেজিস্ট্যান্স আসবে না – তা এর কোনো মডেল আছে কি? না পুরোটাই এক্সপেরিমেন্টাল –

ববি ।।   অফ কোর্স একটা ভেরি এস্ট্যাব্লিশড মডেল আছে । যদিও অক্সিজেনের অভাবে বহুদিন ধরে প্রায় প্রয়াত । তবুও ভেন্টিলেটার থেকে তাকে বের করে আনবো আমরা –

বুদ্ধ ।।   কি সেটা? কার আইডিয়া?

ববি ।।   গুরুসদয় দত্ত – কি নামটা চেনা চেনা লাগছে?

বুদ্ধ ।।   গুরুসদয় দত্ত? মানে? যিনি সেই ব্রতচারী চালু করেছিলেন?

ববি ।।   দেখলে? এখনো তিনি পুরোপুরি প্রয়াত হন নি? ইয়েস দ্য সেম ওল্ড গুরুসদয় দত্ত দ্য ফাউন্ডার অফ দি গ্রেট ব্রতচারী ম্যুভমেন্ট –

স্মৃতি ।।   সেকালের চিন্তাভাবনার সাথে আজকের বাচ্চাদের রিলেট করানো? য্যাবসার্ড –

ববি ।।   কেন? প্রকৃতি, পরিবেশ, পশুপাখি, মানুষ এদের মধ্যে কানেকশানের ফান্ডামেন্টাল কোনো চেঞ্জ হয়নি তো । জবরদস্তি সোসাইটিকে পালটালেও এই বেসিক এলিমেন্টগুলো তো যেখানে ছিলো সেখানেই আছে । বাচ্চাগুলোকে নিয়ে সেটাই তো রিলেট করাবো কীভাবে লাফিয়ে, ঝাঁপিয়ে, হেসে, খেলে ভাল থাকা যায় - সেটাই তো মনে করাবো ওদের, যাতে শরীর আর মন দুটোই পরিবেশের সাথে তাল রেখে বাড়তে পারে, যাতে একটা হোলিস্টিক গ্রোওথ হয় । নট এন ইউনি ডাইরেকশানাল কিছু ইনফরমেশান আর স্কিল বেস্‌ড ক্যারিয়ার এন্ড গ্যাজেটস ওরিয়েন্টেড ফেক নোশানাল গ্রোওথ –

স্মৃতি ।।   তাতে কার কী লাভ হবে – বাচ্চাগুলো যাও বা একটু চাপে পড়ে কিছু শিখছিলো এসব করলে তো পড়া লেখার এক্কেবারে ব্যান্ড বেজে যাবে –

ববি ।।   আর এখন যে গোটা সমাজটার ব্যান্ড বেজে গেছে সেটা কীভাবে শুধরাবে? এমন লেখাপড়া শিখিয়েছি যে শিক্ষিত লোকগুলোই আজ সবথেকে বেশি করাপ্ট – সাইবার ক্রাইম, পর্ণ ইন্ডাস্ট্রি, মেডিক্যাল স্ক্যাম, ফাইনান্সিয়াল স্ক্যাম কোনটা অশিক্ষিতদের কাজ? আগে গরিব মানুষগুলো অভাবের তাড়নায় কিছু পেটি ক্রাইম করে ফেলতো আর আজ মোস্ট টপ নচ সফিস্টিকেটেড ক্রিমিনালস আর হাইলি এডুকেটেড, মেনি ফ্রম প্রিমিয়াম বিজনেস স্কুলস – আগে অভাব সামলাতে ক্রাইম করতো এখন ক্রাইম করে ড্রিম সামলাতে

স্মৃতি ।।   তোমার ধারণা বাচ্চারা বিকেলবেলায় নাচতে গাইতে পারলেই সুস্থ মানসিকতা ফিরে পাবে –

ববি ।।   অন্তত সারাদিনের কিছুটা সময় তার চারপাশের আবহাওয়াটার সাথে একটু পরিচিত হবার সুযোগটা তো পাবে । তার থেকেই তো ভাল থাকার আসল বোধটার কিছু আন্দাজ অন্তত করতে পারবে – এটুকু বোঝার একটা চান্স পাবে যে আমাদের চারপাশের সবকিছুর ভাল থাকার সাথে আমার ভাল থাকাটা ভীষণভাবে লিঙ্কড আর সেখানে আমারও কিছু কন্ট্রিবিউট করার আছে । লাইফটা কোনো একার নম্বর বাড়ানোর জায়গা নয় । একা একা ভাল হতে চাইলে খারাপের সংখ্যাটা এতটাই বেড়ে যাবে যে ভালকে পাগল ছাড়া আর কিছুই মনে হবে না – যেটা অলরেডি হয়ে এসেছে

পরিচয় ।।   ভালো আইডিয়া ফর গিভিং লেকচার – কিন্তু নট প্র্যাকটিক্যাল ।

ববি ।।   সব আইডিয়াই প্রথমদিকে ইম্প্র্যাক্টিক্যাল বলে মনে হয় । তবে সবাই তার মধ্যে পড়ে না । তা না হলে আমদের ভলান্টিয়ার্স লিস্টটা এত লম্বা হত না – আর না পেতাম সাচ এন ইলাস্ট্রিয়াস প্যাট্রন্স ।

বুদ্ধ ।।   এর মধ্যে প্যাট্রনও জোগাড় করে ফেললে? তা তারা কারা শুনি?

ববি ।।   ইন্ডাস্ট্রিতে এখনো এপ্রোচ করি নি তা সত্ত্বেও অ্যাজ অফ নাও কিছু নোবেল লওরিয়েট, ম্যানেজমেন্ট গুরু, ফিলান্থ্রপিস্ট আর বেশ কিছু সাধারণ মানুষ যারা এখনও ভ্যাল্যু সিস্টেমটাকে আঁকড়ে ধরে রাখার জন্য আপ্রাণ চেষ্টা করে চলেছে । আর আছে একদল ভলান্টিয়ার্স যারা এককাট্টা হয়ে প্রজেক্ট রায়বেশেকে শেপ দেবার জন্য দিন রাত খেটে চলেছে –

পরিচয় ।।   এন্ড হোয়াট ইজ মোটিভেটিং দেম টু স্পেন্ড টাইম অন সাচ বুলশিটিং –

ববি ।।   নিজেকে প্রায়োরিটি লিস্টের একটু নিচে প্লেস করলে কোনো কাজের জন্য খুব একটা মোটিভেশান লাগে না । আমার রায়বেশের একটাই প্রায়োরিটি, নিজেকে আর সেইসাথে বাচ্চাদেরকে তার চারপাশের সাথে আর একটু বেটার ওয়েতে রেসপন্ড করানো – যাতে কোনোও কিছু করবার আগে অন্তত এটুকু ভাববে যে হাউ ইট কুড এফেক্ট আদার্স । তাহলেই অনেকটা এগোনো যাবে –

স্মৃতি ।।   অনেক হয়েছে, নাও লিসেন টু মি – লেট আস হ্যাভ সাম সিরিয়াস টক নাও ।

ববি ।।   আমি কিন্তু সিরিয়াস ছিলাম রাইট ফ্রম দ্য বিগিনিং –

পরিচয় ।।   তুমি হতে পারো – কিন্তু আমি ছিলাম না । বাট নাও আইয়্যাম সিরিয়াস । তার মানে যেটা এবার বলবো সেটা ইজ নট সাবজেক্ট টু ইওর ভ্যালিডেশান । ইউ উইল ড্রু অ্যাজ আই সে–

স্মৃতি ।।   আমার ইউ এস বিজনেস ইউনিটের সি ই ও হিসাবে তোমাকে এপয়েন্ট করা হচ্ছে – রিপর্টিং টু মি – এখান থেকে সমস্ত প্ল্যানস এন্ড স্ট্র্যাটেজী বুঝে নিয়ে উইদিন এ ফর্টনাইট তুমি নিউ ইয়র্ক অফিস টেক ওভার করবে । ইন প্যারালাল তোমার হার্ভার্ডের থিসিসের কাজও চালিয়ে যাবার এম্পেল টাইম পাবে এলং উইথ ফুল সাপোর্ট অফ কোম্পানি রিসোর্সেস । তার জন্য ইফ ইউ নীড টু ট্রাভেল টু ইন্ডিয়া এনি মান্থ – জাস্ট ডু ইট ইন দ্য নেম অফ বিজনেস । কে আটকাচ্ছে?

ববি ।।   কিন্তু আমি তো –

পরিচয় ।।   লেট মি ফিনিশ ফার্স্ট – তোমার স্যালারী উড বি সামথিং এরাউন্ড থ্রী মিলিয়ন ডলার যেটা তোমার এই নতুন রোমান্সকে ফান্ড করতে হয়তো কাজে লাগবে । তোমার প্যাট্রনদের পকেটের ডেপ্থ তো বোঝাই যাচ্ছে –

ববি ।।   ক্যান আই স্পিক নাও –

স্মৃতি ।।   নো – ইউ হ্যাভ অলরেডি টোল্ড হোয়াট ইউ হ্যাভ টু । এখন থেকে সেট ইওর মাইন্ড অন কোম্পানি ম্যাটার্স –

ববি ।।   আমার লাইফের প্রায়রিটিতে ব্রহ্মা ইন্ডাস্ট্রিজ নেই বাবা – আমি –

পরিচয় ।।   তোমার নামের থেকে ব্রহ্মাটা বাদ দিয়ে দিলে তুমি যে কী তা বোঝার মতো ইন্টেলিজেন্স তোমার আছে আই বিলিভ –

স্মৃতি ।।   তোমার ওই হার্ভার্ডের বিদ্যে দিয়ে এর ওয়ান থার্ডও পাবে কিনা দ্যট আই নো এন্ড ইউ অলসো নো । তোমায় যা অফার করা হচ্ছে তা বিয়ন্ড দ্য ড্রিমস অফ ইয়োর ব্যাচমেট্স – সো ট্রাই টু থিংক মোওর সেনসিব্লি এন্ড ফিক্স ইয়োর ডিরেক্শান ।

ববি ।।   এটা এবনর্মাল অফার বাবা – আই ডোন্ট ডিজার্ভ ইট – এটা সম্পূর্ণ আনরিয়ালিস্টিক

পরিচয় ।।   ডোন্ট টক লাইক এ স্টুপিড । তুমি আমার এম্পায়ার ইনহেরিট করছো – এটাকে আর কোনো মামুলি জব অফারের সাথে কম্পেয়ার কোরো না –

[আড়াল থেকে জীষা হঠাৎ ঢোকে । তাকে দেখে সবাই একপ্রকার চমকে যায়]

জীষা ।।   তাহলে অত হেফটি জয়েনিং বোনাসের কী প্রয়োজন ছিল আঙ্কল?

বুদ্ধ ।।   কে? কে তুমি?

স্মৃতি ।।   তোমাকে কি আগে কোথাও দেখেছি? খুব চেনা লাগছে –

পরিচয় ।।   আর হুট করে এলেই বা কোথা থেকে?

ববি ।।   জীষা তুই? তুই কোথা থেকে ল্যান্ড করলি?

জীষা ।।   আমি অনেক্ষণ থেকেই তোদের কথা শুনছিলাম ববি - জাস্ট ওয়েটিং ফর দ্য রাইট অপারচুনিটি টু মেক এন এন্ট্রান্স -

বুদ্ধ ।।   কে তুমি? আর আমাদের কথা শুনছিলেই বা কেন?

ববি ।।   ও কে চিনলে না বাবা? ভেঙ্কি আঙ্কল এর মেয়ে জীষা -

স্মৃতি ।।   ওঃ রাইট - তা তোমাকে এই সময়ে একেবারে এক্সপেক্ট করি নি তো - তাই ইন্সট্যান্টলি চিনতে পারি নি । তা তুমি এতক্ষণ আড়ালে থেকে আমাদের সব কথা শুনছিলে বুঝলাম - বাট হোয়াই?

ববি ।।   আর এত রাতে আসতেই বা গেলি কেন?

জীষা ।।   তোর মোবাইল ইজ সুইচ্ড অফ - এন্ড আই নীড টু পাস অন এন ইম্পর্ট্যান্ট মেসেজ টু ইউ - তাই আসতে বাধ্য হলাম

পরিচয় ।।   হোয়াট ক্যান বি সো ইম্পর্ট্যান্ট যে এত রাতে আমার বাড়িতে তোমাকে ট্রেসপাস করতে হল?

জীষা ।।   ওই যে - যেটা জিজ্ঞাসা করলাম আঙ্কল? আপনার বিজনেসকে ইনহেরিট করবার জন্য ববিকে অত বিশাল এমাউন্টের জয়নিং বোনাস দেবার কী দরকার ছিল?

ববি ।।   জয়নিং বোনাস? সেটা আবার কী?

জীষা ।।   সেটা বুঝতেই তো আঙ্কল কে জিজ্ঞাসা করছি –
অত হিউজ এমাউন্টের জয়নিং বোনাস কেন দিচ্ছেন ববিকে?

পরিচয় ।।   তার উত্তর আমি তোমাকে দিতে যাবো কেন?
আর কোম্পানির কনফিডেনসিয়াল ম্যাটার তুমি জানলেই বা কী
করে? ইজ দিস সামথিং টু গসিপ?

জীষা ।।   আঙ্কল, আমি বাবাকে এইরকম নার্ভাস কখনও
দেখি নি । অনেক প্রেস করাতে জাস্ট এইটুকুই বললো যে একটা
হিউজ এমাউন্ট, সামথিং ফাইভ মিলিয়ন ডলার, ববির একাউন্টে,
অ্যাজ হিজ জয়নিং বোনাস, ট্রান্সফারের ঘটনাটা হি ক্যাননট
ডাইজেস্ট এট অল । আঙ্কল আই হ্যাভ সিন বাবা ইন মাচ মোর
ডিফিকাল্ট ডেজ অফ দ্য কোম্পানি, বাট নেভার হি ওয়াজ সো
ডিভ্যাস্টেটেড –

ববি ।।   ফাইভ মিলিয়ন? আমার একাউন্টে অ্যাজ জয়নিং
বোনাস? বাবা এসব কী হচ্ছে? হ্যাভ ইউ গন ম্যাড?

পরিচয় ।।   আর? আর কী কী বলেছে ভেঙ্কি তোমাকে?
দ্যাট স্টুপিড রাস্কেল –

জীষা ।।   আঙ্কল, প্লিজ ওভাবে আমার সামনে কথা
বলবেন না । আমি বাবার এই সিচুয়েসান সহ্য করতে না পেরে,
এত রাতে আপনার কাছে ছুটে এসেছি ফর হেল্প –

ববি ।।   আমি তো কিছুই বুঝতে পারছি না – অত
হেফটি এমাউন্ট কেন তোমরা আমার নামে ট্রান্সফার করছো?

স্মৃতি ।।   ভেঙ্কি আর কি কি বলেছে তোমাকে – বলো – স্পীক আউট –

জীষা ।।   হি ওয়াজ মোস্টলি কমপ্লেইনিং এবাউট দিস ফান্ড ট্রান্সফার । মাঝে একবার শুধু কোনো এক সেনেটর ম্যাকগীল এর নাম করেছিলেন বাট নাথিং ইন ডিটেইল –

ববি ।।   সেনেটর ম্যাকগীল? রিপাব্লিকান? তিনি আসলেন কোথা থেকে এর মধ্যে? তুমি আমাকে দিয়ে কী করাতে চাইছো বাবা?

পরিচয় ।।   দিজ আর অল পার্ট অফ বিজনেস – আমি তোমায় সব বুঝিয়ে দেবো এট দ্য রাইট টাইম । তা জীষা, ভেঙ্কি না হয় একটু বেশী নার্ভাস ফিল করছে – তা এতে এত আপসেট হবার কি আছে? কাল সকালেই দেখবে যে থিংস হ্যাভ বিকাম নর্মাল । তুমি বাড়ি যাও – আই উইল সি টু ইট টুমরও

জীষা ।।   বাট আঙ্কল এই প্রথম আমি দেখলাম যে বাবা ইন সাচ লো । ব্যাপারটা অত সিম্পল নয় । আই ক্যান নট ওয়েট আন্টিল টুমরও –

ববি ।।   বাবা পুরো ব্যাপারটা আমার কাছে ধোঁয়াটে লাগছে । আমার ব্যাকগ্রাউন্ডে এত কিছু ঘটে চলেছে আর আমি কিছুই জানতে পারছি না ।

পরিচয় ।।   সময় মতো সব জানতে পারবে – আফটার অল আই এম ইয়োর ফাদার । জাস্ট ওয়েট ফর ফিউ মোর ডেজ

জীষা ।।   এমন সময়ে জেনে কি লাভ আঙ্কল যেখান থেকে ফিরে আসবার সময় বা সুযোগ পাওয়া যাবে না । আপনাদের নতুন ভেঞ্চারের শুরুতেই যদি বাবা এরকম বেসামাল হয়ে পড়ে হাউ উইল হি ক্যারী অন ফার্দার –

ববি ।।   স্যরি বাবা – এই রকম কন্ডিশানে আমি কোনো ভাবেই ইউ এস যাবো না – হোয়াটেভার বি দ্য কন্সিকোয়েন্স –

স্মৃতি ।।   ডোন্ট বিহেভ লাইক এ স্টুপিড ক্লাউন ববি – তোমার এই বোকামোর জন্য আমায় হেভি প্রাইস পে করতে হতে পারে –

ববি ।।   হেভি প্রাইস? কেন? তার মানে এখানে অন্য কোনো মোটিভ কাজ করছে? সামথিং নট স্ট্রেইট?

পরিচয় ।।   আঃ, বলেছি না বিজনেসে সব কিছু স্ট্রেইট ফরওয়ার্ড হয় না । সিস্টেমকে কাজে লাগিয়েই থিংস আর ডান । ডোন্ট বি সো আর্গুমেন্টেটিভ – জাস্ট ডু অ্যাজ আই সে ।

ববি ।।   ইমপসিবল । ফার্স্টলি এই হিউজ পে প্যাকেজ প্লাস জইনিং বোনাস এক্কেবারেই জাস্টিফায়েবল নয়। সেকেন্ডলি কেন একজন সেনেটর আমাদের মাঝে এসে পড়ছে? সব কিছুর ক্লারিটি ছাড়া নাথিং ক্যান গো ফরওয়ার্ড

স্মৃতি ।।   বড্ড বেশি প্রশ্ন করছো । বললাম না সময় হলেই সব জানতে পারবে – এন্ড ইউ গার্ল প্লিজ ক্লিয়ার অফ নাও । তুমি আননেসেসারিলি আমাদের মধ্যে ইন্ট্রুড করছো । অনেক রাত হয়েছে নাও পুশ অফ –

ববি ।।   জীষা এখানে থাকবে বাবা । শি ইজ নট এন
ইন্ট্রুডার । আমরা দুজনে এক এন্ড ইনসেপারেবল

পরিচয় ।।   য়্যাঁ ইনসেপারেবল? ইউ থিঙ্ক শি ফিটস ইউ?
আমার এম্পলয়্যির মেয়ে? ক্যান শি ম্যাচ আওয়ার গ্রেড? এই
লেভেল মেনটেইন করছো এন্ড নাও ইউ ইভন ডিম্যান্ড যে আমার
সমস্ত বিজনেস স্ট্র্যাটেজি আমি ডিসকাস করবো ইন ফ্রন্ট অফ
হার? লেটস স্টপ ট্যুডে । দিস হ্যাজ অলরেডি ক্রসড মাই লিমিটস
– নাও গেট লস্ট – বোথ অফ ইউ – ডিস্পার্স নাও

ববি ।।   না কেউ যাবে না । যা কিছু হবার তা এখন
হবে – লেট আস ফিনিশ দিস টপিক বিফোর উই গো ট্যু বেড ।
জীষা তুই বোস ওখানে । আর আমিও এই বসলাম –

স্মৃতি ।।   ওকে – ওকে – লেট্স টেক ইট ইজি –
সেনেটর ম্যাকগীল আমাদের ইউ এস বিজনেসকে এক্সপ্যান্ড করতে
সাপোর্ট করবে । অফ কোর্স তার জন্য হি উইল নিড আস ট্যু
ফেভার হিজ ইলেকশান ফান্ড হুইচ ইজ কোয়াইট নর্মাল ইন
ট্যুডেজ বিজনেস । লবিইং ইজ এন একসেপ্টেবল অপারেটিং
প্র্যাক্টিস ইন কর্পোরেটস । তা সেই ফান্ডিং হ্যাজ ট্যু বি মেড বাই দ্য
সি ই ও অফ মাই ইউ এস অফিস ফ্রম হিজ প্রাইভেট একাউন্ট ।
একটা লিগ্যাল কন্ডুইট – কারণ এই দেশ থেকে আমরা এই
ধরনের ট্রাঞ্জেকশান করতে পারি না । ফেমা পরমিট করে না ।
দ্যাট ডিফাইনস ইয়োর পজিশান এন্ড জয়নিং বোনাস । ক্লিয়ার
নাও? এবার উই ক্যান কল ইট এ ডে? যাও – গো নাও –

জীষা ।।   আর একটু বাকি আছে যে আঙ্কল । সেনেটর ম্যালকম ম্যাকগীল অফ দি রিপাব্লিকান পার্টি, অ্যান্ড ফ্রম এম আই টি অ্যাজ ওয়েল কিন্তু আপনার এই প্ল্যানটা এন্ডর্স করেন নি –

স্মৃতি ।।   হোয়াট ড্যু ইউ মিন – তুমি কি করে জানলে ইয়ং লেডি?

জীষা ।।   সিম্পল – আই কলড্ হিম পার্সোনালি –

পরিচয় ।।   পার্সোনালি? হাউ কুড ইউ কানেক্ট হিম?

জীষা ।।   সিম্পল – ভায়া প্রফেসর দীননাথ মিত্র – হি ইজ মাই লিঙ্ক ।

স্মৃতি ।।   প্রফেসর দীননাথ মিত্র? হু ইজ দিস ক্লাউন?

ববি ।।   ক্লাউন? কী বলছো বাবা উনি একজন নোবেল লওরিয়ট, আমার হার্ভার্ডের গাইড আর আমাদের প্রজেক্ট রায়বেশের একজন প্রাইম প্যাট্রন –

জীষা ।।   ওনার রেফারেন্স দিয়ে জিজ্ঞাসা করাতেই সেনেটর ম্যাকগীল বললেন যে হি নোওজ নাথিং এবাউট ব্রহ্মা ইন্ডাস্ট্রিজ –

স্মৃতি ।।   তুমিও কি তোমার বাপের মত পার্টটাইম গোয়েন্দাগিরি করো নাকি? আর তোমাকে উনি এসব প্রশ্নের জবাব দিতে যাবেন কেন?

পরিচয় ।।   আর তাছাড়া ভেঙ্কির মতন একটা ইডিয়টের কথায় তুমি ম্যাকগীলকে কল করে বসলে? তুমি আর তোমার বাপ

আমার কোম্পানির সিক্রেসি নিয়ে রাস্তায় ফেরি করতে বেরিয়েছো? কাল সকালে দ্য ফার্স্ট থিং দ্যাট আই উইল ড্যু ইজ টু কিক দ্যাট ব্লাডি ভেঙ্কি আউট অফ দ্য কোম্পানিজ ডোর – ইউ উইল বি অন দ্য স্ট্রিট ইউ ডার্টি বীচ –

[খুব ধীর ভাবে ভেঙ্কটেশ প্রবেশ করে]

ভেঙ্কটেশ ।।   সে সুযোগ হয়তো তুমি আর পাবে না বুদ্ধা –

ববি ।।   আঙ্কল আপনি? এখানে, এত রাতে?

ভেঙ্কটেশ ।।   হ্যালো মাই ডিয়ার – আমি বাইরে ওয়েট করছিলাম । ইন ফ্যাক্ট আমি আর জীষা একই সাথে এসেছি, শুধু এন্ট্রিটা একটু ফেজওয়াইজ করলাম । তা নাহলে শুধু আমার কথায় তুমি এতটা কনভিন্সড হতে না । নাও ইউ নো কোয়াইট এ লট । বাকিটা এখন আমি বলবো – বাই দ্য ওয়ে আই নেভার গট নার্ভাস ইন মাই লাইফ। কাজেই যা করেছি সব উইথ ফুল কনসাসনেস –

ববি ।।   আমি যে কিছুই কানেক্ট করতে পারছি না –

জীষা ।।   আমি সব কটা ডটসকে কানেক্ট করাচ্ছি –

পরিচয় ।।   না কেউ কিচ্ছু বলবে না – ইউ ট্রেস্পাসার্স – লিভ দিস প্লেস রাইট নাও ইউ টু স্কাউন্ড্রেলস –

ভেঙ্কটেশ ।।   বুদ্ধা কুল ডাউন – নাও ইউ গট ড্রাঙ্ক । আমি চাই না তুমি এতবড় একটা ব্লান্ডার করো ইউজিং ইয়োর ইনোসেন্ট সান । লুক এট হিম বুদ্ধা – এন্ড ইফ ইউ হ্যাভ দ্য কারেজ দেন টেল হিম দ্য ট্রুথ অ্যান্ড টেক হিজ কনসেন্ট । ববি যদি তোমার স্কিমএ এগ্রি করে তাহলে আমি জীষাকে নিয়ে, উইল আউটরাইট

লিভ দিস প্লেস এন্ড কুইট ইউওর কোম্পানি অ্যাজ ওয়েল – নেভ়ার উই উইল শো আওয়ার ফেসেস টু ইউ এগেইন -

ববি ।।   আঙ্কল আমাকে নিয়ে কি চলছে আপনাদের কোম্পানিতে? আমাকে একটু গুছিয়ে বলবেন?

জীষা ।।   ইউ আর জাস্ট এ পন ববি – শোন তবে । ড্যাডের কাছ থেকে শোনার পর আমি সেনেটর ম্যকগীল এর প্রোফাইল সার্চ করে জানতে পারলাম যে হি ইজ এন এম আই টিয়ান । তারপর কল করলাম প্রফেসর মিত্রকে, বললাম যে আমি প্রজেক্ট রায়বেশের ফাউন্ডেশান পার্টনার, তারপর জিজ্ঞাসা করলাম উনি সেনেটরকে চেনেন কিনা – জানলাম যে দে নোও ইচ আদার ভেরি ওয়েল । উনি আমায় ম্যাকগীলের নাম্বার শেয়ার করলেন যখন বললাম যে রায়বেশে প্রজেক্টে ওনাকে ইনভলভ করতে চাই । সর‍্যি ফর দিস স্মল লাই – ব্যাস দ্যেন ড্যাড স্ট্রেইট আওয়ে কলড সেনেটর এন্ড বিকেম ক্লিয়ার এবাউট দিস এপিসোড । সেটা এবার তুমিই বলো ড্যাড –

ভেঙ্কটেশ ।।   ইয়েস – আমি জীষাকে সব জানিয়েছিলাম টু এলার্ট ইউ । আমি সিওর ছিলাম যে বুদ্ধা হোয়াইল ইউজিং ইউ উইল নট ডিস্ক্লোজ হিজ এন্টায়ার প্ল্যান । তারপর ম্যাকগীলের নাম্বার – যে নাম্বার থেকে ও আমাকে এফ বি আই এর নিউজটা দিয়েছিলো সেটা আর প্রফেসর মিত্রের দেওয়া নাম্বার ওয়াজ ডিফারেন্ট । বাট দ্যাট ইজ অলওয়েজ পসিবল । কিন্তু যেটা মেইন ডিফারেন্ট সেটা হল সেনেটরের ভয়েস – আর্লিয়ার ইট ওয়াজ সফট টোন, ফ্যাস ফ্যাসে, হেজিট্যান্ট । বাট দিস টাইম ইট ওয়াজ আ ডিপ ব্যারেটোন হাইলি পার্সোনিফায়েড রিচ ভয়েস –

ববি ।।   তার মানে?

ভেঙ্কটেশ ।।   মানেটা ইজ ভেরি সিম্পল । দ্য টু ম্যাকগীলস আর ডিফারেন্ট – একজন সেনেটর তাহলে আর একজন কে যার একাউন্টে আমরা ফান্ড ট্রান্সফার করছি? প্রথমে থ্রি মিলিয়ন আর এখন প্রিপেয়ারিং ফর দ্য নেক্সট টু মিলিয়ন ।

ববি ।।   কি বলছেন কি আপনি – আর ইউ সিওর?

জীষা ।।   ড্যাডের কাছে আসা ফার্স্ট ম্যাকগীলের নাম্বার ট্র্যাক করে জানতে পারলাম যে হি ইজ অলসো এ ম্যাক্সম ম্যাকগীল বাট নট দ্য সেনেটর –

ভেঙ্কটেশ ।।   ও ওয়াল স্ট্রীটের একজন স্টক ব্রোকার । বুদ্ধার ইন্সাইড ট্রেডিঙের সাইলেন্ট এজেন্ট হওয়াটা কোয়াইট নর্মাল–

ববি ।।   বাবা এটা তাহলে ফান্ড সাইফোনের একটা স্কিম ছিলো? আমায় ইউজ করে? এত কিছু থাকার পরেও ইউ নিড টু স্টিল মানি? চুরি করতে হচ্ছে তোমাকে?

পরিচয় ।।   ড্য ইউ থিঙ্ক ইউ আর আ মঙ্ক? তোমার লাইফের বেসিক ডেফিনেশানগুলো আমার তৈরি করা । আমার ওয়েলথের উপর দাঁড়িয়ে তোমার ফিলান্থ্রপিক ওয়ার্ল্ড । কিস্যু করতে পারবে না যদি আমার হাতটা তোমার মাথার ওপর থেকে সরে যায় । এন্ড ইউ স্কাউন্ড্রেলস – ভেঙ্কি তুমি আমার পেইড সার্ভেন্ট – ইউ হ্যাভ ক্রস্ড ইউওর অল লিমিটস – আই, আই উইল ক্রাশ ইউ [ছুটে এসে ভেঙ্কটেশের গলা চেপে ধরতে যায়]

স্মৃতি ।।   আমার সাথে বেইমানি করে কেউ পার পায় নি – তুমিও পাবে না ব্রুটাস – [ছুটে এসে ভেঙ্কটেসের হাত দুটো চেপে ধরতে যায়]

বুদ্ধ ।।   [বুকে হাত দিয়ে, চিৎকার করে ওঠে, পরিচয় আর স্মৃতি যেখানে ছিলো সেই অবস্থা থেকে মাটিতে তৎক্ষণাৎ পড়ে যায়] আঃ – আঃ – আ আ আ – হেল্প – কী অসম্ভব যন্ত্রণা – দম নিতে পারছি না আমি – হেল্প – বাঁচাও, বাঁচাও আমাকে [মাটিতে পড়ে যায়]

ববি ।।   বাবা? বাবা? কি? কি হলো –

জীষা ।।   স্ট্রোক? কল এ ডক্টর – কুইক –

ভেঙ্কটেশ ।।   আমি এম্বুলেন্স কল করছি –

[আলো কাটে। আলো পরিষ্কার হলে বুদ্ধকে পুনরায় হসপিটালের বেডে মাথা নিচু করে বসে থাকতে দেখা যায়, পরনে রোগীর পোশাক। তার দু পাশে স্মৃতি আর পরিচয় মাথা নিচু করে দুটি চেয়ারে বসে থাকে, যেন ক্লান্ত হয়ে ঘুমিয়ে পড়েছে। খুব ক্লান্ত গলায় বুদ্ধ আস্তে আস্তে বলতে থাকে]

বুদ্ধ ।।   আমার সাংঘাতিক ক্রোধটা আসলে আমার নিজের ওপর ছিল । না ভেঙ্কির ওপর, না জীষার ওপর, না ববির ওপর । ওরা সবাই ওদের জায়গায় ঠিক দাঁড়িয়ে আছে । আমার জায়গাটাই কেবল টলে গেছে । ভীষনভাবে নড়ে গেছে আমার ফাউন্ডেশান । হঠাত ফাটলটা কেমন চারিদিকে ছড়িয়ে পড়লো – আর আমি নিজেকে সামলাতে পারলাম না । ফার্স্ট টাইম ইন মাই

লাইফ আই গট এননয়েড অন সাম ওয়ান হু ইজ নো আদার দ্যন মি । এবার একটু বিশ্রাম নেবো – সবকিছুর থেকে বিশ্রাম । মাই পাস্ট, মাই ফিউচার, ফ্রম মাই এভ্রিথিং – এভ্রিবডি লীভ মি এলোন প্লিজ । কে যেন কোথায় কবে বলেছিলো যে ঘড়ির টিক টক শব্দটা আসলে কোনো সময় চলে যাবার শব্দ নয়, এটা মৃত্যুর এগিয়ে আসার পদধ্বনি – সবার, প্রত্যেকের জন্য তৈরী এই শব্দ । যেটা আমারা শুনতে পেলেও গ্রহণ করতে অস্বীকার করি – অদ্ভুত প্যারাডক্স । কিন্তু নাও আই উইল লিসেন ট্যু ইট – কীভাবে আমি একটু একটু করে এগিয়ে যাচ্ছি টুওয়ার্ডস দ্য ইনেভিটেবল । আমি মন দিয়ে শুনবো আমার এগিয়ে যাবার সত্যিকারের শব্দটা । বাকিরা সব সাইলেন্ট, পিন ড্রপ সাইলেন্স প্লিজ – স্ স্ স্

[ঘড়ির টিক টক শব্দটা বাড়তে বাড়তে ক্রমশ সেটা লাঠি ঠোকার শব্দে রূপান্তরিত হয় । সেই শব্দের সাথে তাল মিলিয়ে মঞ্চের নিম্ন বাম দিক থেকে একটা সিল্যুহেটের মধ্য দিয়ে এক অতিশয় বৃদ্ধ, যার নাম চিত্র, এক হাতে লাঠি আর অন্য হাতে হুঁকো নিয়ে ধীর পায়ে বুদ্ধের দিকে এগিয়ে আসে]

চিত্র ।।   হেঃ হেঃ – সব হিসেব নিকেশ গুলিয়ে গেলো দেখছি –

বুদ্ধ ।।   কে? কে তুমি? বা আপনি?

চিত্র ।।   সে কি হে ছোকড়া এখনও চিনতে পারলে না আমায় –

বুদ্ধ ।।   য়্যাঁ? ছোকড়া? কে? আমি? তার মানে আমাকে চেনেন দেখছি – তাহলে তো আমারও মনে পড়া উচিত । কিন্তু –

চিত্র ।।   আস্তে আস্তে নিশ্চই মনে পড়বে – কতদিন কত চেষ্টা করেছি তোমার সাথে একটু একান্তে কথা বলবার – কিন্তু সামনেই আসতে পারতাম না । আজ যদিও বা এতটা কাছ পর্যন্ত আসলাম কিন্তু জানি না কতক্ষণ থাকতে দেবে তোমার ওই সাগরেদ যুগল – ঘুমোচ্ছে বুঝি ওরা?

বুদ্ধ ।।   কারা? ও ওরা? হ্যাঁ আমি ওদের চুপ করতে বলেছি তাই হয়তো ঘুমিয়ে পড়েছে –

চিত্র ।।   তা ভাল – চব্বিশ ঘণ্টা খাটতে খাটতে এক সময় তো ক্লান্তি আসবেই – ঘুমোক ওরা কিছুক্ষণ আর তার মধ্যে আমরা একটু গপ্পো করে নিই –

[এখন থেকে বুদ্ধর কথা বলার মধ্যে একটা শিশুর সারল্য আসবে, তার সব প্রশ্নে থাকবে একটা অকৃত্রিম কৌতূহল]

বুদ্ধ ।।   তুমি কে? কি নাম তোমার? তোমায় খুউউব চেনা চেনা লাগছে – কিন্তু কোথায় কখন দেখেছি মনে পড়ছে না –

চিত্র ।।   মনে পড়বে কি করে বুদ্ধবাবু, আজকের মতো আগে তো কখনও এত কাছে ঘেঁষতেই পারিনি । আমি কিন্তু সব সময়ে তোমার কাছাকাছিই থাকি – ওই, ওই দুজন তোমায় এমন আড়াল করে রাখতো যে তোমার নজরে আসবে কার সাধ্য –

বুদ্ধ ।।   কেন ওরা আড়াল করে রাখতো কেন?

চিত্র ।।   সে তুমিই জানো – সারাদিন ওই দুটোকে নিয়েই তো কেবল বক বক করে যেতে – মাথা খারাপ হবে না তো কী হবে ।

বুদ্ধ ।।   তা তুমি কিন্তু এখনো বললে না যে তুমি আসলে
কে?

চিত্র ।।   এই দেখো বলি নি বুঝি? অ – তা আমায় চেনা
যে খুব সোজা – আমার নাম চিত্র গুপ্ত

বুদ্ধ ।।   চিত্রগুপ্ত? তাই হিসেব নিকেশের কথা বলছিলে?
কিন্তু ওরা যে বললো আমি মরি নি?

চিত্র ।।   বালাই ষাট মরবে কেন? আরে আমি তোমার
চিত্র – আমায় দেখে কি যমালয়ের লোক বলে মনে হচ্ছে?

বুদ্ধ ।।   না সেরকম ঠিক না – তবে আগে কখনও
তোমায় যে দেখিনি এটাও কিন্তু ঠিক

চিত্র ।।   আসলে একটু শান্ত হয়ে চুপ করে বসে মনের
দরজাটা হালকা খোলা রাখলেই আমি এসে পড়ি – এই যেমন
এখন তুমি কী সুন্দর একা বসে আমায় জানতে চাইছো তাই
আমিও টুক করে চলে এসেছি –

বুদ্ধ ।।   কিন্তু খুব চেনা চেনা গলা তো তাই ভাবছিলাম
হয়তো স্বপ্নেটপ্নে কখনও দেখা হয়েছিলো – তা তোমার বয়স কত?
নব্বই উননব্বুই তো হবেই –

চিত্র ।।   পাগল নাকি? উননব্বুই এর ধারে কাছে যাব
কোন দুঃখে – বুড়ো হয়ে শেষে মরি আর কী – আমায় এরম
দেখতে হলে কি হবে – বয়স আমার তেরো ছায়াপথ বছর –

বুদ্ধ ।।   যাঃ তা হয় নাকি? এ তো সেই হিজিবিজবিজের
মতো কথা । আমারই তো বয়স বাষট্টি, আর তুমি আমার চেয়ে
ঢের বুড়ো –

চিত্ত ।।   বাষট্টি? হেঃ হেঃ এতো পৃথিবীর হিসাব – তার কত আগে থেকে সৃষ্টি চলছে তার খেয়াল আছে? অন্তত সূর্যটা কত কাল ধরে ছায়াপথের মধ্যে ঘুরপাক খাচ্ছে তার হিসাবটা কোথায় গেল শুনি? যে শক্তি দিয়ে তুমি তৈরি তার উৎপত্তি কি তোমার বাপ? এই দেখো কেমন খামকা গালাগালি দিয়ে ফেললাম । অল্প বয়স হলে যা হয় – মাথাটা চট করে চড়ে যায় । কিছু মনে করো না ভাই –

বুদ্ধ ।।   ভাই? বেশ । তবে তোমার কথার কোনো বিন্দু-বিসর্গ বুঝলাম না কিন্তু –

চিত্ত ।।   বোঝার কথা নাকী যে চট করে ধরতে পারবে? এই আমি বুঝিয়ে দিচ্ছি – তোমার জন্মের হিসাবে তোমার বয়স এখন বাষট্টি – ঠিক?

বুদ্ধ ।।   এর আবার অন্য হিসেব হয় নাকী যে বেঠিক হতে যাবে?

চিত্ত ।।   পৃথিবীর হিসাবে যে কোষটা থেকে তোমার উৎপত্তি তার এই অবস্থায় আসতে সময় লেগেছে দু হাজার তিপ্পান্ন কোটি সাড়ে সাঁইতিরিশ লক্ষ উনোনব্বুই হাজার ছশো বারো বছর – ঠিক? তা নাহলে দুপায়ে আর দাঁড়াতে হত না এ জন্মে – আর সূর্যের হিসাবে আমরা যে শক্তি থেকে বিভিন্ন রূপ নিয়েছি তার –

বুদ্ধ ।।   আরে দাঁড়াও দাঁড়াও, এসব আজগুবি হিসেব নিকেশ আবার কী বস্তু –

চিত্ত ।।   হিসেব বুঝতে পারলে তো আর আজগুবি বলে মনে হতো না । যত গোলমাল তো ওই দুজন করে বসে আছে

আর তুমিও সেই কবে থেকে ওদের তালে তাল দিয়ে ধেইধেই করে নেচে চলেছো । আচ্ছা বুদ্ধবাবু তুমি কখনও একটা পিঁপড়েকে ভাল ভাবে দেখেছো?

বুদ্ধ ।।   পিঁপড়ে? কেন? দুম করে পিঁপড়ে দেখতে যাব কেন?

চিত্র ।।   ওই তো, ভাল করে দেখলে তবেই না বুঝতে তোমার আমার বয়সের হিসেব নিকেশ

বুদ্ধ ।।   আবার আলতু-ফালতু বকা শুরু করলে –

চিত্র ।।   আচ্ছা পিঁপড়েরা তোমার অনুপাতে অনেক ভারী জিনিস বইতে পারে – কিন্তু তোমার মতো চিন্তা করতে পারে কি?

বুদ্ধ ।।   আরে সেটা পারলে কী আর পিঁপড়ে থাকতো কবেই না মানুষ বা ধারেকাছের কোনো একটা প্রাণী হয়ে যেত –

চিত্র ।।   এই তো অল্প স্বল্প বুঝতে শুরু করেছো দেখছি – পিঁপড়ে থেকে শামুক, তার থেকে মাছ তারপর ব্যাঙ সেখান থেকে কুমির তারপর পাখি – বানর – বনমানুষ থেকে চিন্তা ভাবনা করতে পারা একটা মানুষ মানে তুমি । তোমার প্রতিটা কোষ এতটা পথ পাড়ি দিয়ে এসে তবে তুমি তৈরি হলে আর তুমি কীনা ভাবছো বাষট্টি – হেঃ হেঃ

বুদ্ধ ।।   এতো গড়গড় করে বিবর্তনের ইতিহাস আওড়ে গেলে –

চিত্র ।।   ইতিহাসের এতটা পথ তো প্রকৃতির হাত ধরে পেরিয়ে এলে বুদ্ধবাবু । এরপর যে নিজেকে এগোতে হবে আর

তার জন্যই যে আমি আছি তোমার সাথে – তোমার হাত ধরে এগিয়ে নিয়ে যাবার জন্য –

বুদ্ধ ।।   কোথায় নিয়ে যেতে চাও আমাকে?

চিত্ত ।।   বুদ্ধুরাম, এ জীবনে কেবল একটা জায়গাতেই যাওয়া যায় – বাদবাকি সব তো এই মাথার কারখানায় তৈরি ।

বুদ্ধ ।।   এ-একটা জায়গা মানে? তুমি কি মৃত্যুর কথা বলছো – তুমি কি সত্যি যমদূত? তাই বয়সের গাছ পাথর নেই । কিন্তু এ কি সত্যি আমার টাইম শেষ?

চিত্ত ।।   খানিকটা ঠিকই ধরেছো তবে আমি যমদূত হতে যাবো কোন দুঃখে আর মরবার জন্য তো আর বেঁচে উঠে তুমি আমার সাথে গল্প করছো না । তোমায় মারতে বসেছিলো তো তোমার ওই দুই সাগরেদ –

বুদ্ধ ।।   আচ্ছা তুমি থেকে থেকে ওদের দুজনকে এত দোষারোপ করছো কেন বলো তো? ওরা তোমার কি বিগড়েছে?

চিত্ত ।।   ওই দুই মূর্তিমান তোমায় আমার কাছ থেকে সবসময়ে দূরে সরিয়ে রাখে সর্বক্ষণ । আচ্ছা বুদ্ধবাবু তুমি যে এই জামাটা পরে আছো এটা যদিও তোমার – কিন্তু এটা তো তুমি নও – তাই না?

বুদ্ধ ।।   কী কান্ড – জামাটা আমি হতে যাবো কেন?

চিত্ত ।।   তাহলে তুমি হলে গিয়ে তোমার এই শরীরটা – মানে মাথার চুল থেকে শুরু করে পায়ের নখ পর্যন্ত – কি তাই তো?

বুদ্ধ ।।   এটা আবার জিজ্ঞেস করার কি আছে? অদ্ভুত তো?

চিত্র ।।   আরও অনেক অদ্ভুত লুকিয়ে আছে যে এর মধ্যে – আগে বলো এই দেহটা তুমি কিনা?

বুদ্ধ ।।   হ্যাঁ এটাই তো আমি –

চিত্র ।।   বেশ – এবার চুল আর নখ যখন কেটে ফেল তখন এই দেহটা তুমি আবার এদিক ওদিক পড়ে থাকা নখ চুল গুলোও তুমি – ঠিক কি না?

বুদ্ধ ।।   ধ্যাৎ ওগুলো আমি হতে যাবো কেন?

চিত্র ।।   কেন একটু আগে যে বললে এই দেহটা তুমি? তা ওগুলো তো তোমার দেহেরই অংশ – তাই ওগুলোও তুমি?

বুদ্ধ ।।   তুমি কি এত রাতে আমার সাথে ধাঁধার লড়াই খেলতে এলে?

চিত্র ।।   এ ধাঁধা যে সব তোমার সৃষ্টি বুদ্ধভাই । আমি এর সমাধান করার চেষ্টা করছি মাত্র । আচ্ছা তোমার যে এত সব বিশাল সম্পত্তি এত প্রতিপত্তি সব এখন কোথায়? তোমার কাছে?

বুদ্ধ ।।   আমার কাছে হতে যাবে কেন? সেগুলো সব যে যার জায়গায় আছে সারা পৃথিবী জুড়ে

চিত্র ।।   এই মুহূর্তে তোমার সাথে আছে শুধু এই হাসপাতালের ঘরটা আর বাদবাকি সবের অস্তিত্ব তোমার মগজে – তুমি কিচ্ছু ধরে ছুঁইয়ে দেখতে পারবে না – তোমার নাম তোমার

যশ তোমার প্রতিপত্তি সব তোমার মনের ক্যানভাসে নানারকমের রঙ দিয়ে আঁকা । এসব কিছু তোমার হতে পারো বুদ্ধ ব্রহ্মা কিন্তু কোনো কিছুতেই তুমি নেই – এমন ফ্যাল ফ্যাল করে তাকিয়ে কি ভাবছো? মাথায় ঢুকলো না কিছুই?

[বুদ্ধ বোকার মত মাথা নাড়ে]

চিত্র ।।   আচ্ছা আর একটু চেষ্টা করে দেখি । এবার একটু সিধে হয়ে বসো তো? হ্যাঁ এইবার একটা বেশ বড় করে শ্বাস নাও দেখি – নাও বেশ বড় একটা বুক ভরা শ্বাস নাও?

[বুদ্ধ জোরে শ্বাস নেয়]

চিত্র ।।   শ্বাসটা খানিক্ষণ ধরে রেখে ছেড়ে দাও এবার ।

[বুদ্ধ নিঃশ্বাস ছাড়ে]

চিত্র ।।   ব্যাস – হাওয়া বেরিয়ে গেল – যে হাওয়া এতক্ষণ তোমার ভেতরে ছিল, তোমায় বাঁচিয়ে রেখেছিল তাকে এবার খুঁজে বার কর দেখি –

বুদ্ধ ।।   ধুর তা হয় নাকি আবার?

চিত্র ।।   কেন? এই যে তোমার প্রাণবায়ু যেটা তোমার দেহের অংশ - যার জন্য তুমি বেঁচে আছো সেটা বেরিয়ে গেলেই আর তোমার রইলো না? তাহলে তোমার চুল, নখ, নিঃশ্বাস যখন তুমি না তার মানে তো তোমার এই দেহটাও তুমি না – তাহলে তুমি কি বুদ্ধবাবু? কি ব্যাপারটা কিছু বোধগম্য হলো?

বুদ্ধ ।।   ধ্যাত বরং আরোও ঘোলাটে হয়ে গেল ।

চিত্র ।।   খুব ভাল, খুব ভাল, বোঝার চেষ্টাটা অন্ততঃ করছো তাই ঘোলাটে হচ্ছে । কী ভাগগী বলে বসনি যে সব তোমার জানা আছে । তাহলে আর কথাই হত না । ওই, ওই দুজন জেগে থাকলে এতক্ষণ সবকিছু বোঝার ভান করে, চোখ কান সব বন্ধ করে, মনের চোরাবালিতে ফেলে তোমায় হাঁকপাঁক করাতো । আমি হাজার চেষ্টা করলেও এই ঘোলাটে অবধিও টেনে তুলতে পারতুম না –

বুদ্ধ ।।   তা ঘোলাটে থেকেই বা কি লাভ হলো?

চিত্র ।।   কেন? অন্ধকারটা কিছুটা হলেও তো পাতলা হল – আচ্ছা এই মুহূর্তে আমার সাথে এই সব কথা বলতে তোমার কেমন লাগছে?

বুদ্ধ ।।   উমম্ তা মন্দ লাগছে না – বরং বেশ মজাই লাগছে । তোমার কথাগুলো বড় অদ্ভুত – সবকিছু বুঝতে না পারলেও মনে হচ্ছে যেন খুব চেনা কোনো গল্প বলতে চাইছো –

চিত্র ।।   বাঃ এই তো কেমন খোলা মনে সোজা পথ দিয়ে আস্তে আস্তে এগিয়ে আসছো আমার দিকে – আচ্ছা, আচ্ছা ঠিক কতকাল পর কারোর কোনো কথা তোমার অদ্ভুত লাগলো বুদ্ধভাই?

বুদ্ধ ।।   এটা একটা ভাল প্রশ্ন করলে – তা সত্যি বলতে কি কোনোকিছুই আর আমার অদ্ভুত লাগে না – আজ এই প্রথম কারোর প্রশ্নের মানে বুঝতে পারলাম না ।

চিত্র ।।   কোন প্রশ্ন?

বুদ্ধ ।।   ওই যে, যেটা দিয়ে তুমি আমায় বোকা বানালে? আমার প্রাণ বায়ুটা আমি না – আমার দেহটা আমি না – তাহলে আমি কি? আচ্ছা মন? মনটা তো আমার, মানে মনটাই আমিই আর কি –

চিত্ত ।।   সে কী গো – এই মনের মধ্যে যা কিছু সব তুমি? তার মানে তোমার নামটা তুমি = তোমার টাকা পয়সা সব তুমি – তোমার বিষয় সম্পত্তি তুমি – তোমার কোম্পানিটা তুমি – তোমার সম্পর্কগুলো সব এক একেকটা তুমি – কি এইবার ঘাবড়ে গেলে নিশ্চয় – সম্পর্কের গোলকধাঁধায় এবার পা হড়কে আছাড় খাবার জোগাড় হবে । এতকিছু যা সব মনটার মধ্যে সর্বক্ষণ কিলবিল করছে, সব সামলে উঠে একবার বল তো দেখি এতগুলোর মধ্যে ঠিক কোনটা তুমি?

বুদ্ধ ।।   আমার সব কিছু ভীষণ গুলিয়ে গেছে – আমার আমিটা মানে আমি যে কি সেটা সম্পূর্ণ ঘেঁটে গেছে – সব তোমার জন্য – আচ্ছা ওরা দুজন আমার ঠিকানা জানে?

চিত্ত ।।   বুদ্ধু কোথাকার – ওদের জন্যই তোমার আজ এই দশা – আসল নকল সব গুলে ঘেঁটে ঘোল করে তোমায় খাইয়ে দিয়েছে এতটা কাল । ওরা যতক্ষণ ঘুমায় ততক্ষণ স্বস্তি – তার মধ্যে তোমায় খানিকটা পরিষ্কার করে দিতে পারলেই ছুটি –

বুদ্ধ ।।   ছুটি? কিসের থেকে?

চিত্ত ।।   মনের অন্ধকারটা থেকে ছুটি । ওটা থাকলেই যত গোলমাল । তোমার ওই দুই সাগরেদরা সারাক্ষণ তোমায় নিয়ে

তর্জা গেয়ে তোমার সব গুলিয়ে দিয়ে যে গলিটার মধ্যে ঘুরপাক খাওয়াচ্ছে সেই অন্ধগলির মধ্যে হারিয়ে যাওয়া থেকে ছুটি

বুদ্ধ ।। আচ্ছা কথায় কথায় তুমি ওদের গালমন্দ করছো কেন বল তো? তোমার সাথে দেখা হওয়া থেকে শুরু করেছো – আর এখনো থামতে পারলে না –

চিত্র ।। তার একটাই কারণ – ওরা যে তোমায় সেটাই বারবার ভাবায় যেটা আসলে তুমি নও । তোমার নকলরূপটাকে জমকালো করে সাজিয়ে তোমার আসলটাকে গুমকরে লুকিয়ে রেখে তোমায় শুধু অলীক স্বপ্ন দেখিয়ে একটা ভুলভুলাইয়ার মধ্যে ছুটিয়ে বেড়াচ্ছে । আর ক্রমাগত তোমার সত্যিটাকে তোমার থেকে দূরে ঠেলে নিয়ে যাচ্ছে

বুদ্ধ ।। আবার হেঁয়ালি?

চিত্র ।। না হেঁয়ালি নয় – ভীষণ বাস্তব আর অবিচল সত্য । ওই যে পরিচয় বোস – ব্যাটা জাত ধুরন্ধর । সারাক্ষণ তোমার মনে নানা রকম রঙ ঢেলে তোমায় বহুরূপী বানিয়েছে । তোমার যা যা প্রারব্ধ সব তোমার মগজের মধ্যে পুরিয়া বানিয়ে ঠেসে দিয়ে সেগুলকে তোমার স্বরূপ বানিয়ে ছেড়েছে । আর তুমিও সেইমতো নানান সাজের আনন্দে নেচে চলেছো আর প্রতিনিয়ত নিজের আমিটাকে একটা বিরাট কদাকার আর বিকৃত রূপ ধারণ করাচ্ছো –

বুদ্ধ ।। কী বলতে চাইছো তুমি?

চিত্ত ॥।   শুধু এটুকুই বলতে চাইছি যে আজ, এই মুহূর্তে যদি তোমার প্রাণ বায়ুটা হুস করে বেরিয়ে যায় তাহলে এইদিকে পড়ে থাকবে তোমার এই নধর দেহটা আর চারধারে ছড়িয়ে ছিটিয়ে থাকবে তোমার বেহিসাবী সঞ্চয় । মাঝখান থেকে তুমি হাওয়ার মত সবার সাথে মিলেমিশে এক । তখন কোথায় তোমার নানারঙের আমিগুলো? সেগুলোকে খুঁজে বার করতে পারবে তো বুদ্ধ বাবু?

বুদ্ধ ॥।   আমার যে খুব ভয় করছে এবার –

চিত্ত ॥।   এটা ওই সুন্দরীর কাছ থেকে শেখা । এত কিছু থাকতে শুধু ভয়ের ছবিটাই আগে মনের পর্দায় ভাসিয়ে তোলে –

বুদ্ধ ॥।   এর মধ্যে ও আবার কী করে বসলো?

চিত্ত ॥।   আচ্ছা তোমার জীবনে আনন্দদায়ক কিছু নিশ্চই ঘটেছে? তা সেগুলোর একটাও ও মনে পড়ালো না? নাকী সেরকম কিছুই এখনো পর্যন্ত ঘটে নি – অথচ পাগলের মত ছুটে চলেছো কবে তাকে পাবে বলে?

বুদ্ধ ॥।   অবশ্যই আছে – ভাবলে এখনো মনের মধ্যে থেকে একটা অদ্ভুত প্রশান্তির ভাব বেরিয়ে আসে – জান? যেমন স্কুল ফাইনাল পরীক্ষার ফী-এর টাকাটা আমার বন্ধু শিবেনের মায়ের বায়োপ্সির জন্য খরচ করে বাড়িতে এসে বলেছিলাম যে পকেটমার হয়ে গেছে, সেটা মনে পড়লে সেই আনন্দটা পাই – বুক ভরা একটা ভরসা দেবার আনন্দ –

চিত্ত ॥।   আর কিছু –

বুদ্ধ ।। যেদিন শিবেনের জামার পকেটে আমার সুলতার চিঠি পেলাম, তারপর থেকে আজও পর্যন্ত শিবেনের কাছে সুলতাকে হারাবার স্মৃতি কোনো বিচ্ছেদের যন্ত্রণা দেয় না বরং একটা গভীরভাবে ভালবাসতে পারার তৃপ্তি দেয়, এখনো হারিয়ে ফেলিনি সেই অনুভুতিটাকে ।

চিত্র ।। সাব্বাস বেটা । আর একটা অন্তত

বুদ্ধ ।। ববি যখন চুল ধরে টানত – চশমাটা চোখ থেকে নামিয়ে ছুঁড়ে ফেলে দিত – ওর ছোট্ট দুটো পা যখন আমার সারাটা মুখ চোখ নাকে পরপর আঘাত করতো সেই ব্যথা না পাবার অপার্থিব আনন্দটা এখনো মনের মধ্যে যত্ন করে জমানো আছে –

চিত্র ।। কত সুন্দর ভাবনা আর তার কত সুন্দর অনুভূতি । তাহলে ওই মহিলার সাথে সারাদিন এত কথা যে বল তখন এই অনুভূতিগুলো থাকে কোথায়?

বুদ্ধ ।। ও যে আমায় অন্য কিছু ভাবায়, অন্য কথা বলায় । আমার ইচ্ছা অনিচ্ছার তোয়াক্কা করে না ওরা। মনের মধ্যে সারাক্ষণ শুধু রাগ, অভিযোগ আর ভয় । একটা চক্রাকারে চলতে থাকা কিছু জঘন্য একঘেয়ে অনুভূতি। এটাই আমার জীবন চিত্র, আমায় এর থেকে ছুটি দাও – আমার আর কিছু চাই না শুধু সেই সূক্ষ্ম বোধগুলো ফিরিয়ে দাও যেখানে হেরে যাবার ভয় নেই, না পাবার ক্ষোভ নেই, অকারণ ক্রোধ নেই – পারবে আমায় সেগুলো ফিরিয়ে দিতে?

চিত্র ।। তোর মানে রেগে যাওয়া থেকে ছুটি, বিরক্তি থাকে ছুটি, মন খারাপের থেকে ছুটি, ভয়ের থেকে ছুটি।

বুদ্ধ ।।   হ্যাঁ এর সবের থেকে ছুটি । এগুলোর থেকে আমি ক্লান্ত - ভীষণ ক্লান্ত

চিত্ত ।।   এবার থেকে মনে থাকবে কেবল সেই অনুভূতিগুলো যেটা কৃতজ্ঞতা, ভাল লাগা, পূর্ণতা, মমতা, স্নেহ সব মিলেমিশে একটা আনন্দময় রূপ নিয়ে থাকে । এই সব বোধগুলো তো সব তোমার মধ্যে অভিমান করে লুকিয়ে আছে হে । টেনে বার করতে হবে যে সব কটাকে । এবার তাহলে তৈরি হও বুদ্ধ ব্রহ্ম - তোমার নিজের ছুটিটা এবার ছিনিয়ে নেবার জন্য তৈরি হও এবার-

বুদ্ধ ।।   আমি তৈরি চিত্ত - শুধু আমার হাতটা একটু ধরো তুমি - আর বলে দাও কি করতে হবে

চিত্ত ।।   এ যে তোমার একার লড়াই বুদ্ধ - তোমার যে চিদানন্দ সত্তাটাকে যারা ভুলিয়ে নিয়ে আটকে রেখেছে, তাদের কাছ থেকে এবার ছিনিয়ে আনবার জন্য নিজেকে প্রস্তুত করো - নিজেকে ওই দুজনের থেকে আলাদা করো বুদ্ধ - এ তোমার লড়াই এটা তোমায় জিততেই হবে

বুদ্ধ ।।   আমি একা পারবো না - আমায় একা ফেলে যেও না চিত্ত -

চিত্ত ।।   এতটা পথ যে আমি সঙ্গে করে নিয়ে এলাম বন্ধু এইটুকু যে এইবার তোমায় একা পেরোতে হবে

বুদ্ধ ।।   আমায় একা ফেলে যেও না তুমি - আমার যে ভিষণ ভয় করছে - আমায় একা ফেলে যেও না -

[পরিচয় আর স্মৃতি ঘুম থেকে ওঠে। তারা বুদ্ধের চারপাশে ঘুরতে থাকে । চিত্ত এক কোনায় দাঁড়িয়ে নিঃশব্দে হাসতে থাকে]

পরিচয় ।।   আপনি আর একা নন – এই তো আমরা আছি আপনার সাথে –

স্মৃতি ।।   একটু সাময়িক বিশ্রাম নিচ্ছিলাম । আমরা আবার এসে গেছি ডিয়ার । স্যরি ফর কিপিং ইউ লোনলি বুদ্ধ –

বুদ্ধ ।।   কে বুদ্ধ? ও আমি? তা তোমরা এখন যাও আমি কেবল আমার সাথে থাকবো এখন – প্লিজ –

পরিচয় ।।   কি বলছেন আপনি? আমরা চলে যাবো মানে? ঠিক আছেন তো আপনি? শরীরে অস্বস্তি হলে ওই বেলটা টিপুন আর এক বার

বুদ্ধ ।।   না আমি একদম ঠিক আছি । তোমরা শুধু যাও – যাও বলছি?

স্মৃতি ।।   আমাকে নিয়েই যে আপনি । আমায় ছাড়া আপনি অসম্পূর্ণ, আমি চলে গেলে আপনি থাকবেন কি নিয়ে? স্মৃতি ছাড়া আপনি প্রায় চলশক্তিহীন হয়ে যাবেন –

বুদ্ধ ।।   না – তুমি শুধুমাত্র আমার জীবনের কিছু ঘটনা প্রবাহ – ব্যাস নাথিং মোর । শুধু তোমার ভিত্তিতে বেঁচে থাকাটা এক অসহ্য যন্ত্রণা । এরপর থেকে আমার ইচ্ছায় তোমার সাথে সহবাস করবো । নট দ্য আদার ওয়ে রাউন্ড । এখন যাও – আমায় একা থাকতে দাও – যখন দরকার পড়বে তখন তোমায় যে ভাবে চাইবো ঠিক সেইভাবে এসে ধরা দেবে । আত্মসমর্পন করবে – দখলদারি নয় – যাও –

পরিচয় ।।   আমাকে বাদ দিলে আপনি অস্তিত্বহীন বুদ্ধ ব্রহ্ম। পরিচয়হীন একজন এই পৃথিবীতে কেউ না । আপনার

শ্বাসপ্রশ্বাসের ছন্দ আমি নিয়ন্ত্রণ করি । কখন কোথায় কি ভাবতে হবে তা আমি ঠিক করি । আপনার সারাদিনের গতিবিধির সমীকরণ আমি বিশ্লেষণ করি । এমনকী আপনার মৃত্যুর পরেও আপনার নিথর শরীরটায় অবশিষ্ট থাকবো কেবলমাত্র আমি –

বুদ্ধ ।।   [চিৎকার করে] না – অমৃতস্যপুত্রা আমি – শূন্য থেকে সৃষ্টি আমার শূন্যতে হব বিলিন – আমি শক্তির স্পন্দন – সৃষ্টির এক কণিকা – চেতনার মহা তরঙ্গের অংশ – আমি আমার স্বতন্ত্র্য বোধ – তোমাদের দুজনের সৃষ্টি সব মিথ্যে আভরণ – সব কল্পনার জালে জড়িয়ে থাকা অবাস্তব প্রতিশ্রুতি – আমি আমার সেই অখণ্ডানন্দ, শাশ্বতানন্দ, পরমানন্দ শুদ্ধচৈতন্যরূপ আমি ।

পরিচয় ।।   একটু শান্ত হন আপনি । আমরা এক্ষুনি আপনাকে স্বাভাবিক অবস্থায় নিয়ে আসছি । একটু ভাল করে তাকান দেখি আমার দিকে । আমাদের অনেক কাজ পড়ে আছে । প্রথমত ববির কেসটা সামলাতে হবে । স্মৃতি আপনি চুপ করে থাকবেন না প্লিজ । ওনাকে আবার রিসেট করুন – আমাদের দিকে তাকান বুদ্ধ ব্রহ্ম – আপনার নিজের অবস্থানে ফিরে আসুন – আসুন বলছি – ফিরে আসুন –

স্মৃতি ।।   একটু শান্ত হোন । সব এক এক করে মনে পড়ে যাবে । তাকান আমার দিকে বুদ্ধ – আমার দিকে তাকান – আমার দিকে – এই দিকে [দুহাত ছড়িয়ে বুদ্ধকে আহ্বান করে]

বুদ্ধ ।।   [খুব শান্ত গলায়] চিত্ত এইবার তোমার হাতটা একটু বাড়াও ভাই – আমার সময় যে এসে গেছে – আর দূরে দাঁড়িয়ে থেকো না বন্ধু – আমার পাশে এসো একবার –

[চিত্র বুদ্ধের পাশে এসে দাঁড়াতেই বুদ্ধ তার লাঠিটা কেড়ে নেয় – ঢাকের বোল বেজে ওঠে "গীজতা ঘিজাং গীজতা ঘিজাং গীজা ঘীন - ঝাউড় গীজা গীজঘনিতা" – দুপাশ থেকে জনা ছয়েক লোক মুখে "আওয়া আওয়া আওয়া" শব্দ করতে করতে ছুটে আসে । তাদের খালি গা, খাটো ধুতি, কোমরে লাল বন্ধনি, মাথায় লাল ফেট্টি – তারা ঢাকে বোলের সাথে সাথে চারজনকে ঘিরে রায়বেশে নাচ নাচতে থাকে – তাদের মধ্যে থেকে বুদ্ধ চিৎকার করতে থাকে]

নাচিয়ের দল।।   আয় মোরা সবায় মিলে খেলবো রায়বেশে

মোদের ভাবনা ভয় কীসে মোদের যাতনা হয় কীসে

মোরা গাইবো রায়বেশে মোরা নাচবো রায়বেশে

আয় মোরা সবায় মিলে খেলবো রায়বেশে

বুদ্ধ ।।   হ্যাঁ আজ খেলবো রায়বেশে - আজ নাচবো রায়বেশে

[পরিচয়কে এক ধাক্কায় মঞ্চের সামনে এনে ফেলে লাঠি দিয়ে আঘাত করে]

তার সাথে আজ শেষ করবো আমার এই আমিটাকে

লাঠি দিয়ে ঠেসে তাকে দেবো মাটির সাথে মিশে-

নাচিয়ের দল ।।   মোরা গাইবো রায়বেশে – মোরা নাচবো রায়বেশে

বুদ্ধ ।।   আর এই আমিটার ইতি করে হাল্কা হব শেষে –

নাচিয়ের দল ।।   মোদের ভাবনা ভয় কীসে মোদের যাতনা হয়
                      কীসে

বুদ্ধ ।।   ইতি করে আমিটার আমি মুক্ত অবশেষে –

নাচিয়ের দল ।।   আয় মোরা সবায় মিলে খেলবো রায়বেশে

                      আয় মোরা সবায় মিলে খেলবো রায়বেশে

[ঢাকের বোলের সাথে "আওয়া আওয়া" শব্দ তীব্র হতে থাকে আর তার সাথে বুদ্ধ আঘাত করতে থাকে মাটিতে পড়ে থাকা পরিচয়কে । পরিচয় যন্ত্রণায় চিৎকার করে ওঠে । বুদ্ধ তার আর এক হাতে স্মৃতিকে চুলের মুঠি ধরে আঁকড়ে ধরে রাখে । আর সেই সাথে লাঠি দিয়ে পরিচয়কে ক্রমাগত পিষতে পিষতে হাসতে থাকে । নাচিয়ের দল উন্মত্তের মতো নাচতে থাকে । হঠাৎ সব কিছু স্তব্ধ হয়ে আলো কাটে । পর্দা নামতে থাকে । আবহে চলতে থাকে নির্বাণষটকম্ স্তোত্র]

আবহ সঙ্গীত ।।   নির্বাণষটকম্

মনো বুদ্ধ্যহঙ্কারচিত্তানি নাহম্

ন চ স্তোত্র জীহ্বে ন চ ঘ্রাণ নেত্রে

ন চ ব্যোমভূমির্ণতেজ ন বায়ুঃ

চিদানন্দ রূপঃ শিব্যোহম শিব্যোহম ।।১।।

ন চ প্রাণসজ্ঞো ন বৈ পঞ্চবায়ু

ন বা সপ্তধাতুর্ ন বা পঞ্চকোষঃ

ন বাকপাণিপাদৌ ন চোপস্থপায়ু

চিদানন্দ রূপঃ শিব্যোহম শিব্যোহম ।।২।।

ন মে দ্বেষরাগৌ ন মে লোভমোহৌ

মদো নৈব মে নৈব মাতর্স্য ভাবঃ

নধর্মো নচার্থো নকামো নমোক্ষঃ

চিদানন্দ রূপঃ শিব্যোহম শিব্যোহম ।।৩।।

ন পূন্যম্ ন পাপম্ ন সৌক্ষম্ ন দুঃক্ষম্

ন মন্ত্রো ন তীর্থ ন বেদঃ ন যজ্ঞাঃ

অহম্ ভোজনম্ নৈব ভোজ্যম্ ন ভোক্তা

চিদানন্দ রূপঃ শিব্যোহম শিব্যোহম ।।৪।।

ন মৃত্যুর ন শঙ্কা ন মে জাতিভেদঃ

পিতা নৈব মে নৈব মাতা ন জন্ম

ন বন্ধুর ন মিত্রম্ গুরুনৈব শিষ্যঃ

চিদানন্দ রূপঃ শিব্যোহম শিব্যোহম ।।৫।।

অহম নির্বিকল্পো নিরাকাররূপো

বিভূত্বাচ্চ সর্বেত্র সর্বেন্দ্রিয়াণাম

ন চাসঙ্গতম নৈব মুক্তির্নমেয়ঃ

চিদানন্দ রূপঃ শিব্যোহম শিব্যোহম ।।৬।।

সমাপ্ত

If you have feedbacks about the book please
drop an email to Kinsukb.1966@gmail.com

* 9 7 9 8 8 8 6 2 9 9 3 4 2 *